K. TAHMAZIAN

Turcs et Arméniens

PLAIDOYER ET RÉQUISITOIRE

Défendre la cause des Arméniens, avoir l'honneur de parler souvent pour une pareille cause, c'est certainement avoir rencontré une des circonstances heureuses où, quoiqu'il arrive, on peut être sûr d'avoir été dans le vrai, dans le droit, dans le juste.

DENIS COCHIN,
De l'Académie Française, ancien ministre.

PARIS
IMPRIMERIE H. TURABIAN
227, Boulevard Raspail
1919

TURCS ET ARMÉNIENS

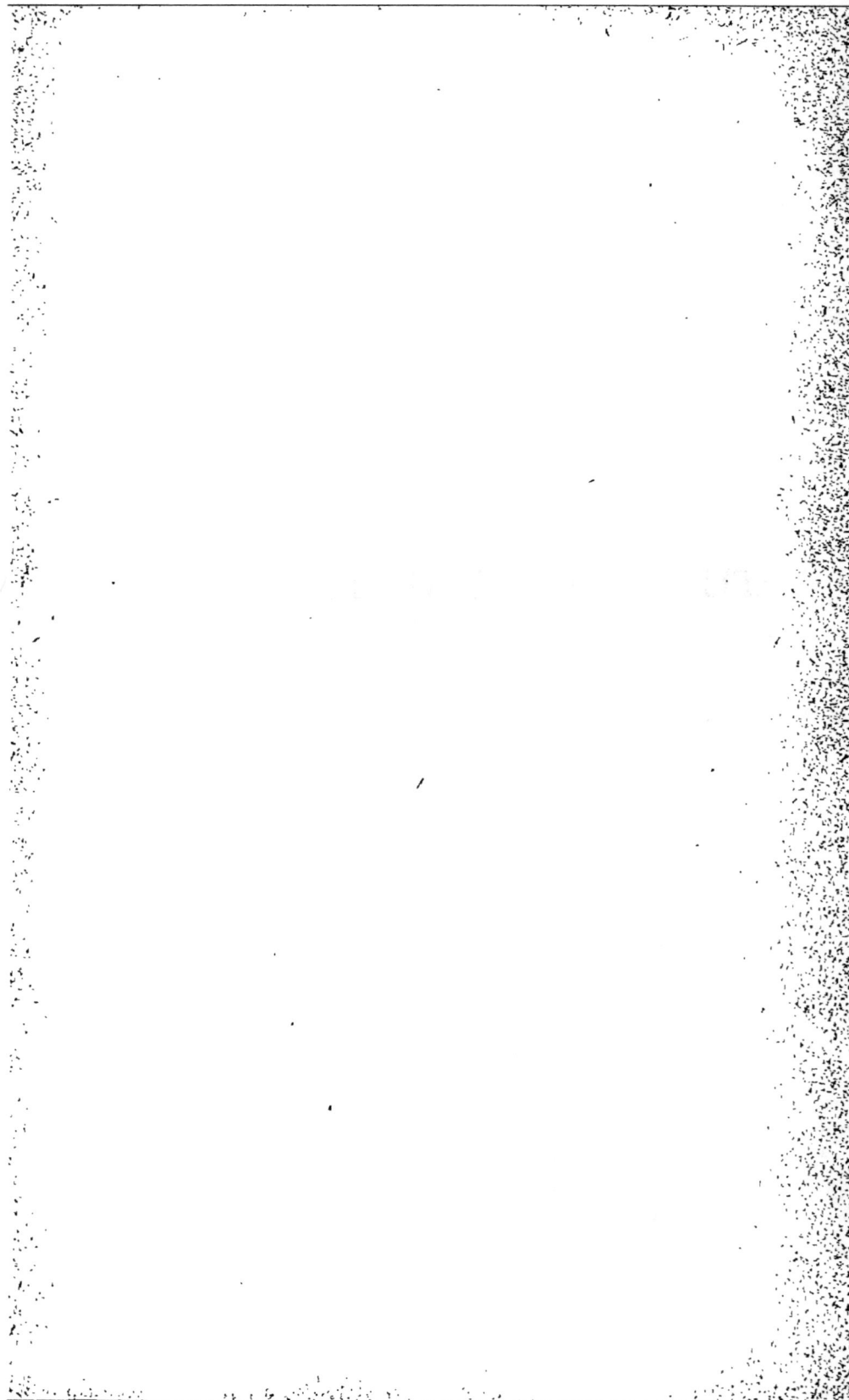

K. TAHMAZIAN

Turcs et Arméniens

—

PLAIDOYER ET RÉQUISITOIRE

—

Défendre la cause des Arméniens, avoir l'honneur de parler souvent pour une pareille cause, c'est certainement avoir rencontré une des circonstances heureuses où, quoiqu'il arrive, on peut être sûr d'avoir été dans le vrai, dans le droit, dans le juste.

Denis Cochin,
De l'Académie Française, ancien ministre.

PARIS

IMPRIMERIE H. TURABIAN

227, Boulevard Raspail

1919

TABLE DES MATIÈRES

III. — Les Années Terribles : 1915-1916-1917-1918.

Turcs et Arméniens

Plaidoyer et Réquisitoire

1.—Les Revendications Arméniennes

*Un terrible compte de peuple
à peuple est ouvert.*

G. CLEMENCEAU.

Ces paroles de M. Clemenceau s'adressaient
aux peuples français et allemand. Mais le compte
à régler entre le peuple arménien et le peuple
turc est encore beaucoup plus terrible. Aucun
peuple n'a souffert d'une sauvagerie ennemie
autant que le nôtre.

Aujourd'hui, il y a tendance à ignorer notre
long martyre. D'habiles plaidoyers *pro domo*
cherchent à écarter la responsabilité turque dans
le drame arménien.

LA PROPAGANDE TURQUE

Il est malheureusement de notoriété publique
que des intrigues savamment tramées se donnent
libre cours dans les pays alliés et neutres. Ceux
qui, malgré tout, conservent encore l'illusion
de mettre sur pied « l'homme malade » et de

prolonger sa vie, multiplient les articles et les brochures. Leur but est de disculper le peuple turc dans les massacres arméniens et de sauvegarder l'intégrité territoriale de l'Empire ottoman tel qu'il existait avant la guerre.

A croire ces bons apôtres, le pauvre peuple turc est pur comme la neige qui vient de tomber. La cause de tous les malheurs, ce sont quelques chefs de « l'Union et Progrès », dont le châtiment suffirait à effacer « la page la plus noire de l'Histoire moderne », ainsi qu'appelait le docteur Herbert Adams Gibbons les massacres de l'Arménie.

Au cœur même de ce bon et généreux Paris, la propagande turque ne reste pas inactive.

Parmi les nombreuses manifestations de cette propagande, nous ne retiendrons que la brochure qui a paru sous le titre : *Les Turcs et les revendications arméniennes*. Elle porte la signature d'une demi-douzaine de beys turcs « ententophiles ». Profitant de la large hospitalité française, eux, sujets ennemis, s'ingénient à laver leur pays des terribles accusations qui pèsent sur lui, et prenant l'offensive, attaquent les Arméniens, alliés *de facto* de l'Entente, les rendant responsables « de leur incontestable malheur ». Savez-vous pourquoi ? Parce qu'ils ont été les instruments (?) de la Russie et de l'Angleterre, en suscitant des révoltes. Et tout cela s'écrit dans cette capitale même, où se réunit actuellement la Conférence de la Paix, appelée à liquider la tragique aventure germano-turque !

Il est à peine besoin de dire que le peuple arménien n'a jamais douté de la profonde sympathie qu'il possède en France, où de telles propagandes sont vouées d'avance à l'échec. D'autre part, la cause que nous défendons est tellement claire, juste, et la culpabilité turque si évidente, qu'il nous paraît superflu d'entrer dans les détails des horreurs que la nation arménienne a subies. Maints documents officiels alliés en ont fait la preuve écrasante. L'Humanité entière a déjà arrêté son jugement. Le verdict de l'Histoire ne fait aucun doute.

Voici les raisons pour lesquelles cette brochure particulièrement retient notre attention : on y trouve certains arguments capables d'induire en erreur les personnes qui ne sont pas initiées aux affaires d'Orient; ensuite, messieurs les beys, par des citations truquées, font parler à notre détriment les écrits des plus ardents arménophiles français et alliés, ce qui constitue la preuve de leur mauvaise foi; enfin, cette brochure de vingt-sept pages condense à merveille tous les griefs — plutôt les mensonges — que le *gouvernement... jeune-turc* faisait contre les Arméniens pour justifier les atrocités inimaginables qui ont soulevé d'horreur la conscience universelle.

Il est donc nécessaire de redresser la vérité outrageusement calomniée, puisque le libéralisme françis veut bien instituer un tel débat.

REMARQUES GENERALES

Avant tout, quelques remarques s'imposent.

Le but avoué des efforts turcs étant le maintien du *statu quo ante bellum*, on aurait cru que leur propagande ait tendance à combattre le détachement de l'Empire ottoman de la Thrace, de la Syrie, de l'Arabie et de la Mésopotamie, au même titre que l'Arménie. Détrompez-vous ! Les Turcs réservent toute leur foudre aux Arméniens. Leur propagande est dirigée principalement contre eux. En dehors de nous, il n'y a que les Grecs, nos amis, qui partagent cet excès d'honneur de la part de nos ennemis. Dans tel cas, les vieux dossiers, la débauche des chiffres et des statistiques, les mensonges et les calomnies abondent ; dans tel autre, c'est le silence à peu près le plus complet. Est-ce parce que le Turc a désormais perdu tout espoir de recouvrer la possession de la Syrie, de l'Arabie et de la Mésopotamie, où Français et Anglais montent la garde avec les soldats du roi du Hedjaz ? Ou simplement parce qu'il sait qu'il a affaire, dans ces régions, à de fortes parties, la France et l'Angleterre directement intéressées ? En tout cas, le fait existe et mérite d'être signalé.

AUTRE REMARQUE

Jusqu'aujourd'hui les Turcs, vieux ou jeunes, n'avaient pas voulu reconnaître, ni dans le fond ni dans la forme, qu'il y avait une Arménie et une question arménienne, tout comme il y avait une Macédoine et une question macédonienne. Le mot « Arménie » était banni de la Turquie. Dans les stipulations internationales concernant l'Arménie, les formules employées pour la désigner, étaient : « l'Anatolie orientale » (accord russo-turc du 26 janvier-8 février 1914), « les provinces habitées par les Arméniens (art. 61 du Traité de Berlin). C'est seulement dans la rédaction primitive de ce texte (l'article 16 du traité de San-Stéfano) que le mot Arménie est écrit en toutes lettres, pour disparaître finalement du texte définitif (1).

Aujourd'hui, les Turcs comprennent eux-mêmes qu'il serait ridicule de vouloir ignorer plus longtemps qu'il existe une Arménie dont parle

---

(1) Cette politique d'autruche, les Turcs l'ont suivie en tout et partout. Un exemple typique, tiré de nos souvenirs d'écolier.

C'était en 1907, l'Ecole des Frères, à Trébizonde, avait commandé des cartes géographiques à Paris, chez Taride. Elles étaient arrivées depuis quinze jours en douane, mais l'administration ne voulait pas les livrer sous divers prétextes. Enfin, en possession, quelle fut notre stupéfaction de constater sur les cartes d'Afrique que la Tunisie et l'Egypte étaient teintes en jaune, couleur de la métropole turque, tandis qu'auparavant elles étaient rose et vert, couleurs de la France et de l'Angleterre. C'est alors que nous sûmes la vraie cause du retard dans la livraison.

le monde entier. Ils daignent enfin indiquer les choses par leur véritable nom. C'est un progrès dont les auteurs de : *Les Turcs et les revendications arméniennes* ont fait leur bénéfice, bien qu'ils ergotent sur le fond, en considérant l'Arménie comme une survivance historique et une expression purement géographique.

L'ETAT ARMENIEN

> L'Arabie, l'Arménie, la Mésopotamie, la Syrie et la Palestine ont, suivant nous, le droit de voir renaître leur existence nationale séparée.
>
> Lloyd GEORGE.
>
> (Déclaration du 5 janvier 1918.)

En réalité, nos ennemis se font petit à petit à l'idée d'un Etat arménien tout en s'efforçant à maintenir l'intégrité territoriale de l'Empire ottoman. Une République indépendante arménienne se dresse déjà fièrement au pied de notre historique Ararat, sur les vestiges de notre antique royaume des Bagratides. Elle a été reconnue par le gouvernement de Constantinople. Il est vrai qu'elle s'élève sur l'ancien territoire russe.

Aussi, nos « bons Turcs » commencent par déclarer : « Nous ne contestons pas le droit des Arméniens à une vie nationale autonome, à l'indépendance politique, non. Mais nous estimons cependant que la création de l'Etat arménien,

tout en répondant aux aspirations et aux besoins
légitimes des Arméniens, ne doit pas aller à l'encontre des droits légitimes et des intérêts vitaux
d'autres peuples. » (p. 1). Dans les pages suivantes, le lecteur chercherait en vain une conclusion
pratique de cette profession de foi ; bien au contraire. Dans la suite, les auteurs attaquent à
fond les Arméniens et s'efforcent de démontrer
que dans tous les territoires, revendiqués par la
Délégation arménienne à la Conférence de la
paix, les Arméniens sont en infime minorité,
d'où l'on peut conclure que la création sur ces
territoires d'un Etat arménien va « à l'encontre
des droits légitimes et des intérêts vitaux d'autres
peuples » (lisez les Turcs). Alors on ne voit pas
comment « les aspirations et les besoins légitimes des Arméniens » peuvent être réalisés,
puisqu'on ne peut concevoir un Etat sans territoire. Serrons la question de près.

Dans le projet arménien, le futur Etat arménien comprendrait les *sept vilayets* de Van,
Bitlis, Diarbékir, Kharpout, Sivas, Erzeroum,
Trébizonde (à l'exclusion des régions situées au
sud du Tigre et à l'ouest d'une ligne Ordou-Sivas-
Trébizonde); *les quatre sandjaks de la Cilicie* (Marach, Khozan, Djébel-Bérék et Adana) et le *ter-*
ritoire de la République arménienne du Caucase.

Les Turcs trouvent que « les exigences actuel-
les des Arméniens ont fait beaucoup de chemin » (p. 4). C'est-à-dire de six vilayets qui fai-

saient l'objet de réforme en 1877-1878, nous en revendiquons actuellement sept (Trébizonde n'étant pas compris dans l'Arménie en 1878) et en plus la Cilicie et les provinces arméniennes de l'ancienne Russie.

Raisonner ainsi, c'est ignorer l'histoire de la question arménienne.

Tranchons d'abord les questions de Trébizonde et des provinces arméniennes de Russie.

Si le grand port de la Mer Noire figure dans le *memorandum* Arménien, c'est que la Grèce elle-même n'avait aucune vue sur lui, et que M. Vénizelos prévoyait dans son *memorandum* son rattachement à l'Etat arménien. Or, avant tout, Trébizonde n'est ni turque, ni arménienne, mais grecque. Les originaires de Pont-Euxin réclament leur indépendance complète, en dehors même d'Athènes. Aucune difficulté ne peut être soulevée de la part des Arméniens pour contrecarrer les efforts de ceux qui poursuivent le rêve de ressusciter l'empire des Comnènes. Une entente solide existe entre ces deux principaux éléments chrétiens de Turquie, arménien et grec, qui se soutiennent mutuellement dans leurs légitimes revendications. Ajoutons enfin, que le projet de réformes arméniennes du 4 février 1914 comprenait Trébizonde en plus des six vilayets arméniens.

Quant aux provinces arméniennes de Russie, qui forment actuellement le territoire de la République arménienne, nul ne contestera le droit sacré qu'ont tous les Arméniens de se réunir enfin, après tant de siècles de séparation forcée, sous un même gouvernement. Leurs souffrances ont été communes. Des deux côtés de l'Ararat, ils ont été persécutés. Ils salueront ensemble l'aube de la délivrance qui point déjà à l'horizon.

C'eut été pure folie que de demander, en 1878, l'autonomie de ces provinces, au vainqueur luimême, le Russe. Encore aujourd'hui, la partie de l'Arménie historique qui se trouve en territoire persan et qui est habitée par des Arméniens, n'est pas revendiquée avec raison, pour être rattachée au futur Etat arménien. Si nos dirigeants n'élèvent aucune prétention du côté persan estce à dire qu'ils se refusent à reconnaître le caractère arménien de cette portion de la Vieille Arménie ? Non ! Bien sagement ils respectent l'intégrité territoriale de l'Empire Persan neutre, où d'ailleurs nos compatriotes jouissent d'un bon traitement et de tous les droits, et n'ont aucune aspiration séparatiste.

LA CILICIE

Reste la Cilicie.

On voudrait faire croire que l'exclusion de la Cilicie du projet « d'une Arménie autonome » présenté en 1878 au Congrès de Berlin par une délégation arménienne, implique tacitement l'aveu que les Arméniens ne considèrent pas la Cilicie comme province arménienne. C'est là une erreur que les Turcs exploitent contre nous.

La vérité est tout autre.

Pendant la guerre russo-turque (1877), sous le coup de la défaite militaire et de l'invasion de la Grande Arménie, la Porte, craignant l'annexion définitive de cette contrée, *a encouragé le patriarche Nercès à revendiquer l'autonomie des six vilayets...* sous la suzeraineté ottomane. Au Congrès de Berlin, la Délégation arménienne n'a fait que respecter les limites de l'Arménie telles qu'elles étaient tracées à San Stefano, en 1877.

Au surplus, dans tous les projets de réformes arméniennes, la Cilicie n'est point oubliée. C'est avec raison qu'un spécialiste éminent des questions d'Orient, M. J. de Morgan, peut écrire :

« La question arménienne, aux yeux de l'Eu-
« rope entière, ces dernières années, ne concer-
« nait que les six provinces de l'Arménie turque
« et la *Cilicie*, qui, dans tous les projets de ré-
« forme, a toujours été mentionnée par une
« clause spéciale » (1) (*Essai sur les nationalités*, page 116.)

---

(1) Dans le dernier paragraphe du projet de réformes en Arménie que les ambassadeurs de France, d'Angleterre et de Russie ont présenté à la Porte en 1895, on peut lire les lignes suivantes qui font allusion à la Cilicie :

« Dans les vilayets (autres que les six K. T.) où se trouvent certaines localités telles que Hadjin (vilayet d'Adana)

Pouvait-il en être autrement quand la domination des Turcs y fut exercée avec autant de sauvagerie que sur le reste de l'Arménie ? En 1909, au lendemain du régime « constitutionnel », 25.000 Arméniens furent massacrés à Adana, chef-lieu de la Cilicie.

Nous ne parlons pas des droits historiques des Arméniens sur cette province, qui a été la terre de leurs derniers rois et le foyer ardent des luttes héroïques pour l'indépendance nationale. Zéïtoun a levé maintes fois (1860, 1862, 1870, 1896) le drapeau de la révolte contre la tyrannie turque.

Nous ne voulons pas insister non plus sur l'absolue nécessité du rattachement de la Cilicie au futur Etat arménien si l'on veut qu'il soit *viable*. L'Arménie, privée de son débouché naturel sur la mer libre, serait condamnée à l'anémie économique. *L'avenir de l'Arménie est sur la Méditerranée.*

Nous ferons appel seulement au principe des nationalités et au droit des peuples de disposer d'eux-mêmes.

Dans les quatre sandjaks ciliciens, il y avait avant la guerre 490.000 habitants, dont :

ou Zeïtoun (vilayet d'Alep), où les Arméniens forment la majorité de la population, la division administrative sera modifiée et les prescriptions du projet de réforme sur la constitution des « nahiés » seront appliquées aux localités *ainsi érigées en unité administrative séparée* ». (Voir le *Livre jaune*, 1897).

—		Chrétiens ..	286.000
Arméniens	205.000		
Grecs	40.000		
Nestoriens et Chaldéens ..	41.000		
		Mahométans	156.000
Turcs	78.000		
Kurdes	58.000		
Lazes, Tcherkèses, etc. ..	20.000		
		Religions di-	
		verses	48.000
Kizilbaches			
Fellahs			
Yézidis, etc			

Populations totales 490.000

La majorité absolue étant de 245.000, aucune race, prise séparément, ne possédait la majorité absolue. L'élément principal était l'Arménien, qui possèdait la majorité relative ; uni aux autres éléments chrétiens, il formait la majorité absolue, contre les Mahométans et les pratiquants des religions diverses.

Heureusement, la question religieuse n'a rien à voir ici. Les Arabes musulmans d'Adana ont, comme les Grecs, reconnu formellement, devant la commission d'enquête américaine, que la Cilicie était une vieille terre arménienne et, nienne. Nous n'attendions pas moins de nos amis nienne. Nous n'attendons pas moins de nos amis et voisins.

Seuls les Turcs et certains musulmans ont demandé à rester ottomans. Mais ils ne représentaient, avant la guerre, que 136.000 habitants contre 354.000, c'est-à-dire 31 o/o de la population totale. Il est évident que dans ces conditions le principe des nationalités et le droit des peuples à disposer d'eux-mêmes militent en notre faveur. *L'immense majorité de la population cilicienne a exprimé sa volonté de faire partie de l'Etat arménien.*

Donc, à l'heure actuelle, où le sort de l'Empire sanglant des Osmanlis va être décidé et où les peuples qu'il a opprimés vont recouvrer leur liberté, il est tout naturel que les Arméniens formulent leurs revendications d'une manière totale, large, afin de réaliser leur unité nationale dans le cadre de l'Arménie intégrale.

Mais là où nos ennemis exagèrent vraiment, c'est lorsqu'ils affirment en toutes lettres que l'Arménie demandée par nous « s'étend de la mer Caspienne à la mer Noire » (p. 4). Jamais aucun mémoire, aucun écrit officiel ou privé arménien n'a étendu les limites de l'Arménie jusqu'à la mer Caspienne. Tout le monde peut consulter la carte de l'Arménie, annexée au *memorandum* arménien, présenté à la Conférence de la paix ; il constatera que, dans la direction de la mer Caspienne, la frontière arménienne passe par la ville de Chouchi, c'est-à-dire à une distance de cent cinquante kilomètres de ladite mer, en ligne droite. *Ab uno disce omnes !*

L'ARGUMENT DU NOMBRE

L'argument le plus coutumier et, selon eux, le plus fort, des Turcs « ententophiles » pour contester les revendications arméniennes, c'est assurément l'argument du nombre, la répartition éthnique de l'Arménie. Nos auteurs déclarent péremptoirement : « L'accord est donc unanime en ce qui concerne la composition éthnique des provinces ottomanes où la minorité arménienne est enclavée, disséminée au milieu d'une grande majorité turco-kurde » (p. 6). Et pour appuyer leur thèse, voici les chiffres qu'ils ont « puisés au tableau de recensement dressé par le gouvernement turc en vue du recrutement militaire, immédiatement avant la guerre mondiale » (p. 5) :

Vilayets	Musulmans	Arméniens
Erzeroum	673.297	125.657
Van	179.380	67.792
Bitlis	309.999	114.704
Diarbékir	492.101	55.890
Kharpout	446.379	76.070
Sivas	939.735	143.406
Adana	341.903	50.139
Trébizonde .... —	929.128	37.549
	4.603.922	671.207

En comparant ces chiffres à ceux donnés en 1880 par le Grand-Vizir Abédine Pacha aux ambassadeurs des grandes puissances, nous constatons un très léger déficit au détriment des Arméniens.

Voici les chiffres officiels fournis en 1880 :

Musulmans	3.619.625	78 o/o
Arméniens	726.750	16 o/o
Autres chrétiens	283.000	6 o/o

Ces chiffres se rapportent à neuf vilayets : Alep, Adana, Trébizonde, Erzeroum, Van, Bitlis, Diarbékir, Mamuret-ul-Azis (Kharpout) et Sivas. Plus haut, les Arméniens d'Alep n'étaient pas compris dans la statistique. Retranchons les 100.000 Arméniens du vilayet d'Alep, et nous aurons pour 1914 et pour les huit vilayets : 626.750 Arméniens. C'est là une étrange concordance de chiffres se rapportant à deux périodes différentes, distantes de trente-quatre ans. Nous ne sommes pas loin de croire que les dirigeants de 1914 n'ont fait que copier les données de leurs devanciers de 1880.

Avant de discuter la sincérité de ces données, consultons les statistiques fournies par le patriarcat arménien en 1882 :

Arméniens

Dans toute la Turquie	2.660.000
Dans les six vilayets arméniens	1.630.0000
Vilayet de Trébizonde (avec Ch. Karahissar)	120.000
En Cilicie (vilayet d'Adana et une partie du vilayet d'Alep)	380.000
Dans les 9 vilayets	2.130.000

Donc, pour les neuf vilayets, le chiffre des Arméniens est de 2.130.000 d'après le patriarcat arménién, et de 726.750 seulement d'après le gouvernement turc. Pourtant, les deux statistiques ont été dressées à peu près à la même date. L'écart entre les deux données est formidable : 1.303.250. L'erreur est dans une proportion de 1 à 3. L'une de ces statistiques est sans doute fausse !

Il s'agit maintenant de prouver laquelle se rapproche le plus de la réalité.

LES STATISTIQUES TURQUES SONT FAUSSES

La science statistique n'existe pas pour ainsi dire en Turquie. M. Vital Cuinet, ainsi que tous ceux qui ont écrit sur la Turquie, en font la constatation (1).

Il est dans l'intérêt du gouvernement turc d'exagérer l'importance de l'élément musulman des vilayets arméniens et, inversement, de diminuer le nombre des Arméniens.

Les ambassadeurs des grandes puissances ont fait sentir clairement leur peu de confiance aux statistiques turques, dans la note collective qu'ils

(1) Dans le « Temps » du 3 juillet, M. Charles Vellay qui venait de rentrer d'une tournée d'étude en Asie Mineure, a publié un article documenté pour démentir les statistiques turques concernant les populations du vilayet d'Aïdin.
M. Charles Vellay conclue : « Les statistiques turques sont basées sur des événements anormaux et s'efforcent de nier, de cacher ou d'atténuer les persécutions et les massacres qu'ils ont commis. Il faut dire que les statistiques turques ne correspondent en aucune manière à la réalité. »

remirent à la Porte, le 7 septembre 1880 : « La
« Porte *cherche, il est vrai, à diminuer la portée*
« *de cet article* (l'art. 61 du Traité de Berlin) en
« s'appuyant sur le chiffre de la population chré-
« tienne comparée à celui de la population to-
« tale. *La proportion indiquée diffère tellement*
« *de celle que donnent d'autres renseignements,*
« *que les puissances ne sauraient l'accepter*
« *comme exacte.* » (*Livre Jaune.*)

Après ce jugement sévère et juste à la fois,
rappelons quelques causes qui démontrent
mieux la fausseté des statistiques turques.

a) Comme en 1880, le gouvernement turc
oppose en 1914 *le bloc des Musulmans aux Armé-*
niens seuls, mentionnant les autres races chrétiennes à part. Mais, *tous les Musulmans ne sont*
pas des Turcs ; bien plus : ils se haïssent mutuellement. Les Kurdes ne veulent jamais se confondre avec les Turcs, dont ils détestent la domination. Le gouvernement central de Constantinople n'a pu étendre son pouvoir que partiellement
sur ces tribus guerrières et mi-souveraines. Les
Kurdes de Dersim ont levé souvent l'étendard de
la révolte contre la domination turque. Et durant
cette guerre, ils ont été les meilleurs alliés des
Arméniens. Dans leurs montagnes inaccessibles,
ils ont donné aide et protection aux fugitifs
arméniens et les ont défendus, parfois armes en
mains, contre les réguliers ou tchétés turcs.

De plus en plus, le sentiment national se fait

jour chez nos voisins Kurdes qui veulent eux aussi secouer le joug turc. C'est avec joie que nous enregistrons la demande de « la création d'un Etat kurde entièrement libre et indépendant » (1) par le général Chérif Pacha, président de la « Délégation kurde à la Conférence de la paix ». Pourtant, Chérif Pacha était un bon patriote turc et ne nourrissait aucune aspiration séparatiste avant la guerre. Actuellement, à Constantinople, il s'édite un journal kurde : *Jine*, entièrement dévoué à la cause de l'indépendance kurde.

b) Parmi ces races, il y en a qui ne sont pas musulmanes, comme les Zazas (2), les Trublis, Tchariklis, les Yézidis, etc., mais pratiquent diverses religions. Elles représentent en Arménie un bloc de plus de 300.000 âmes. Au surplus, les musulmans Kurdes ou autres se divisent en des clans ou tribus hostiles les uns aux autres (3)

En face de cette masse bigarrée de peuplades

---

(1) *Mémorandum sur les revendications du peuple kurde*, p. 13.

(2) M. Marcel Léart croit que les Zazas sont d'origine arménienne. Ils ont des mœurs se rapprochant aux nôtres : leur calpak (bonnet) porte le signe de croix ; leur dialecte est riche de mots arméniens. (*La Question Arménienne à la lumière des documents*, voir la note 1 de la page 11).

(3) Nous faisons abstraction des Arméniens islamisés au cours des siècles dont le nombre atteint 800.000, d'après une étude très documentée du Père mikhitariste Sarkissian : « *Un nouvel aperçu de statistique en faveur de la nouvelle Arménie* ».

qui n'ont entre elles aucun lien de langue, de religion, de race, d'histoire, d'aspirations, se dresse la *nation arménienne*, compacte et vigoureuse, fière de son haut et glorieux passé, consciente de sa supériorité morale et intellectuelle, convaincue du rôle historique qui lui est réservé : être le pionnier de la civilisation occidentale en Orient.

c) Pour que dans aucun vilayet les Arméniens ne puissent former une majorité absolue, la division administrative de l'Arménie a été faite d'une manière tout à fait arbitraire. Des régions purement arméniennes ont été rattachées à des pays limitrophes où l'élément musulman domine. Cette politique antiarménienne s'est fait jour surtout depuis 1878. Avant cette date, les quatre vilayets arméniens de Van, Erzeroum, Bitlis, Kharpout, formaient une seule province sous le nom *Erménisdan* (Arménie) ou *éyalet d'Erzeroum*. Après le Traité de Berlin, l'ancienne Arménie fut divisée en quatre vilayets avec adjonction des contrées kurdes comme Hékkiari.

d) Au cours des siècles, la Turquie se réduisant de plus en plus, les populations musulmanes des provinces libérées furent installées en Arménie, où la terre, arrachée au paysan arménien, était donnée au colon turc (mohadjir).

Le gouvernement central encourageait par tous les moyens cette *colonisation intérieure :* l'immigration mahométane. Jusqu'aujourd'hui

il existe au Ministère de l'Intérieur une commission spéciale qui s'occupe de cette opération. De
jour en jour, cette Commission a vu s'élargir ses
attributions. Elle dispose des millions largement
octroyés par tous les gouvernements jeunes ou
vieux qui se sont succédés. Cela constituait le
trait dominant de leur politique intérieure, dont
le Docteur Nazim bey était le champion le plus
ardent. Même après l'armistice, sous le ministère
« libéral » de Damad Ferid Pacha, des difficultés
sans nombre sont créées pour le rapatriement
des déportés arméniens dans leurs foyers, tandis
que les Turcs et les Kurdes nomades du sud et du
sud-est de l'Arménie sont déversés sur le haut
plateau arménien. Les hommes changent, le
système reste le même.

e) Il faut, enfin, considérer un autre point qui
est de nature à fausser les statistiques turques.
Les familles arméniennes gardaient secret, autant que possible, la naissance des enfants mâles,
soit pour ne pas payer la taxe militaire, soit,
après 1908 (date à laquelle le service militaire des
chrétiens fut voté) pour soustraire leurs enfants
au service militaire obligatoire.

LES STATISTIQUES DU PATRIARCAT
MERITENT TOUTE CONFIANCE

En ce qui concerne les chiffres donnés par le
patriarcat, ils méritent toute confiance, parce
que le Patriarcat est une institution solide, hié-

rarchisée et vieille de plusieurs siècles. Il possède
des représentants dans tous les coins les plus
reculés du pays et il y fait exercer son contrôle
parfois mieux que le gouvernement central
ottoman. Depuis la perte de l'indépendanre politique, l'Eglise arménienne est le centre de rallie-
ment des Arméniens qui relèvent de sa compé-
tence pour de nombreux actes civils, notamment
en ce qui concerne la naissance, le mariage, le
décès. Les institutions nationales arméniennes
gardent une certaine autonomie vis-à-vis des
pouvoirs publics ottomans. Tous les organes de
l'administration nationale sont électifs. A leur
tête se trouve un « parlement national » qui élit
le patriarche et le conseil exécutif national.

Le passage suivant du livre de M. Marcel Léart
démontre à merveille la probité des chiffres fournis par le patriarcat arménien :

« En 1884, écrit l'éminent auteur, pour rem-
bourser les dettes contractées par le couvent
arménien de Saint-Jacques de Jérusalem, le gouvernement turc, sur la demande du Patriarcat,
majora de 3 piastres le « bédéli askéri » (la taxe
d'exonération militaire) des Arméniens.

« Cet impôt additionnel produisit 15.000 Lts.
payées par 50.000 contribuables arméniens. Si
on évalue à 200.000 le nombre de ceux qui ayant
moins de 15 ans ou plus de 60 ans, ne sont pas
assujettis à cet impôt, le nombre des Arméniens
atteint 700.000, et ce chiffre doit être porté au

double. En effet, dans le « mazbata » du budget
1296, élaboré par le Conseil des Ministres et publié dans le *Salnamé* (le journal officiel de l'Empire ottoman.) de 1298, il est prévu, comme rendement annuel de cet impôt, la somme de
462.870 Lts. pour toute la Turquie. Le Conseil
des Ministres ajoute qu'en évaluant la population
mâle non musulmane, dans l'empire ottoman,
au minimum à 4.000.000, le rendement annuel
devrait être le double ; ce qui signifie que l'Etat
n'arrivait pas à percevoir cet impôt de la moitié
de ses sujets non musulmans.

« Comme on le voit, conclue M. Marcel Léart,
le Conseil des Ministres, dans ce calcul, estime
implicitement que le nombre des personnes
mâles âgées de moins de 15 ans et de plus de 65
ans, représente la moitié de la population mâle
non musulmane. En calculant, sur la même
base, le nombre de la population arménienne, on
trouve, qu'en 1884, il dépassait 3 millions.

« On ne peut pas nous objecter que nous ne
tenons pas compte des massacres de 1895-1896,
de ceux d'Adana, des émigrations. En évaluant
le chiffre actuel (1913) des Arméniens en Turquie à 2.100.000, non seulement nous ne pre-
nons pas en considération l'accroissement dû
aux naissances pendant ces trente dernières années, mais nous faisons une réduction d'environ
900.000 sur le nombre d'avant trente ans (*op. c.*
p. 10 et 11).

La citation est longue, mais elle est éminemment édifiante.

LE NOMBRE RESPECTIF DES POPULATIONS DE L'ARMENIE INTEGRALE, AVANT LA GUERRE

Faisons donc largement état des statistiques du Patriarcat arménien de Constantinople. Or, en 1912, donc deux ans avant la grande catastrophe, le Patriarcat arménien a dressé une statistique dont nous nous servirons pour ce qui est de l'Arménie turque ; quant à l'Arménie russe, on n'a qu'à recourir aux statistiques officielles russes au début de la guerre.

Voici les chiffres qui démontrent que les Arméniens formaient la majorité absolue dans leur pays :

Résumons :

La population totale de l'Arménie intégrale était, avant la guerre, de 5.860.000, dont 2.699.000 Arméniens (1.403.000 en Arménie turque et 1.296.000 en Arménie russe) contre 1.561.000 Turcs et Kurdes réunis. La majorité absolue étant 2.930.000, aucune nation ou race, prise séparément, ne l'avait. Les Arméniens étaient l'élément le plus important avec une proportion de 46,1 % ; les Turcs venaient ensuite, avec seulement une proportion de 17,2 %. Donc, les Arméniens, malgré les persécutions, les massacres systématiques et les procédés arbitraires du gouvernement turc en vue de la colonisation intérieure, présentaient la majorité relative contre plus de vingt nations ou races qui peuplent leur patrie.

Si nous considérons les races et les nations au point de vue de leur religion, nous constatons que les Chrétiens (Arméniens, Grecs, Russes, Géorgiens, Néstoriens, Jacobites, Chaldéens) étaient au nombre de 3.211.000 (54,8 %) contre 2.308.000 (39,4 %) Mahométans (Turcs, Kurdes, Tartares, Tcherkesses, Lazes, Persans, Arabes), et 341.000 (5,8 %) de diverses religions. Tous les chrétiens réunis avaient donc la *majorité absolue*.

Nous sommes loin de la « majorité de 4.603.922 Turco-Kurdes, soumis à une minorité de moins de 700.000 Arméniens » (page 5).

Nos contradicteurs n'envisagent ici que la population de l'Arménie turque et n'excluent pas les parties des huit vilayets qui sont retranchées de la carte de l'Arménie intégrale.

Ensuite, nos habiles avocats font parler contre nous M. G. Hanotaux (ministre des affaires étrangères de France en 1896), le prince Lobanoff (ministre des affaires étrangères de Russie en 1895), M. Edouard Driault, et même l'ancien patriarche arménien, Mgr Ormanian. Dans tous les documents de source turque, on trouve ces

Tableau de statistique de l'Arménie Turque en 1912 (Vilayets d'Erzeroum, de Van, de Bitlis, de Kharpout, de Sivas, de Diarbékir et la Cilicie) établie par le Patriarcat Arménien, et de l'Arménie Russe, établie par le Gouvernement russe

NATIONS et RACES	ERZEROUM Tout le Vilayet	VAN La province de Hekkiari exclue	BITLIS Le Sud de Seghert exclu	KHARPOUT Le Sud de Malatia exclu	DIARBEKIK Le Sud du Vilayet exclu	SIVAS Le Nord-Ouest et l'Ouest exclus	TRÉBIZONDE L'Ouest exclu	CILICIE Ichil exclu	ARMÉNIE RUSSE Erivan, Gandzag, Kars et un coin de la province de Tiflis	TOTAL	% par nat.	% par religion
Arméniens..	215.000	185.000	180.000	168.000	105.000	165.000	180.000	205.000	1.296.000	2.699.000	46,1	
Nestoriens... Jacobites.... Chaldéens...	—	18.000	15.000	5.000	60.000	25.000	1.000	41.000	—	165.000	2,8	Chrétiens 54,8
Grecs......	12.000	—	—	—	—	30.000	200.000	40.000	—	282.000	4,8	
Russes...... Géorgiens ...	—								65.000	65.000	1,1	
Turcs........	240.000	47.000	40.000	102.000	45.000	192.000	199.000	78.000	61.000	1.004.000	17,2	
Kurdes......	75.000	72.000	77.000	95.000	55.000	50.000	—	58.000	75.000	557.000	9,5	
Tcherkesses.. Lazes....... Persans ..... Arabes......	30.000	3.000	10.000	—	—	45.000	102.000	20.000	—	210.000	3,5	Mahométans 39,4
Tartares....	—	—							537.000	537.000	9,2	
Kizilbaches.. Zazas...... Tchariklis... Yézidis...... Fellahs......	58.000	25.000	60.000	80.000	31.000	—	1.000	48.000	38.000	341.000	5,8	Divers 5,
	630.000	350.000	382.000	450.000	296.000	507.000	683.000	490.000	2.072.000	5.860.000	100	100

citations qui servent d'éternels argument à l'appui de notre faiblesse numérique. Or, M. K. J. Basmadjian (1), le savant auteur arménien, démontre d'une manière irréfutable que, les chiffres du *Livre Jaune*, dont s'est servi M. Hanotaux à la tribune de la Chambre des députés, sont tirés de l'ouvrage de M. Vital Cuinet, paru en 1892, *d'après les données officielles du gouvernement ottoman*. Suivant le *Livre Jaune* (c'est-à-dire le gouvernement ottoman), dans toute la Turquie d'Asie, le nombre des Arméniens était de 1.475.011 en 1895-1897, tandis que, comme nous avons vu, M. Marcel Léart estime que le nombre de la population arménienne dépassait 3 millions en 1884, et il évalue — tenant compte des massacres de 1895-96, de ceux d'Adana, des émigrations — à 2.100.000 le nombre des Arméniens dans toute la Turquie, avant la guerre. Le *Livre Bleu* du gouvernement britannique prend, « pour être impartial », le chiffre de 1.600.000 comme base « en admettant que le nombre réel (des Arméniens de toute la Turquie) est probablement compris entre ce chiffre et 2.000.000, et qu'il s'approche probablement davantage de ce dernier (2) ». Nous avons donc tout lieu de croire aux données de sources arméniennes.

(1) *Histoire Moderne des Arméniens*, pages 144-149.
(2) *Le Traitement des Arméniens dans l'Empire Ottoman* (1915-16) par le vicomte Bryce, page 139 (Traduction française).

LA PREPONDERANCE ECONOMIQUE
DES ARMENIENS

Les Turcs ne parlent jamais de la situation
économique du pays. En vain on chercherait
une statistique turque montrant le rang qu'occupe chaque nationalité au point de vue du commerce et de l'industrie. Pourtant, la puissance
économique, ainsi que la puissance intellectuelle,
sont de ces facteurs qui sont loin d'être né-
gligeables. Si l'on examine au point de vue écc-
nomique l'Arménie turque qui nous est contes-
tée, l'on verra aussitôt la prépondérance de l'élément arménien sur l'élément turc dans toutes
les branches du commerce et de l'industrie. Ce
fait n'est contesté par personne. Les Turcs, non
seulement ne nient pas cette puissance économique des Arméniens, ils l'invoquent parfois
comme un prétexte pour justifier les massacres,
qui, soi-disant, auraient comme mobile l'exploi·
tation des « Turcs pauvres » par les « riches
Arméniens ».

La vérité, c'est que, malgré les persécutions
du gouvernement, malgré l'exploitation des
beys, malgré les mille difficultés et obstacles
qu'il rencontre, et sous le coup de la menace du
massacre, le commerçant ou l'industriel arménien, à force de travail, d'habileté et de persé-
vérance, arrive à prospérer et à développer ses

affaires d'une manière vraiment admirable (1). Le Turc oppresseur, fainéant par nature, a toujours préféré la bureaucratie et l'armée. Il n'a aucun goût aux arts et métiers, au commerce et à l'industrie, parce qu'il se sent impuissant à fournir un effort long et continu. Aussi, avant la guerre, 5 % des fonctionnaires, des magistrats et des gendarmes étaient des Arméniens ou des Grecs ; par contre, le 95 % c'étaient des Turcs, Kurdes, Albanais ou Arabes.

L'exemple du vilayet de Sivas est assez édifiant :

Commerce : Sur 166 importateurs, 141 sont Arméniens, 13 sont Turcs et 12 sont Grecs ; sur 150 exportateurs, 127 sont Arméniens et 23 sont Turcs.

Industrie : Sur 153 fabriques et minoteries, 130 appartiennent à des Arméniens, 20 à des Turcs et 3 à des sociétés étrangères. Le personnel de ces fabriques et minoteries est exclusivement arménien.

(1) Voici les chiffres que le Dr J. Lepsuis fournit à ce sujet : « Les Arméniens avaient entre leurs mains 60 o/o de l'importation, 40 o/o de l'exportation, au moins 80 o/o du commerce intérieur et la majeure partie des métiers et des professions libérales. » (*Les Massacres d'Arménie*, p. 328). Il faut noter que ces indications de M. Lepsius se rapportent à toute la Turquie° ; la proportion est beaucoup plus élevée si l'on ne prend en considération que l'exportation, l'importation et le commerce intérieur de l'Arménie proprement dite, parce que l'élément grec, le concurrent de l'Arménien, y est très rare.

Finances : Sur 37 banquiers ou capitalistes, 32 sont Arméniens et 5 seulement sont Turcs (1).

Mais, avant tout, les Arméniens sont des agriculteurs. L'immense majorité des Arméniens (80-85 %) s'adonne à la culture de la terre (2). Ceux, comme M. Pierre Loti, qui croient que tous les Arméniens sont des *sarafs* ou des joailliers, se trompent lourdement. Il ne faut ·pas juger notre peuple sur les Arméniens de Paris et de Constantinople.

SUPÉRIORITÉ INTELLECTUELLE
DES ARMÉNIENS

Les Turcs ne contestent pas la prépondérance économique des Arméniens en Turquie, et en particulier en Arménie turque. Ils ne nient pas non plus que notre peuple est surtout agriculteur. Mais ce qu'ils contestent, c'est notre supériorité intellectuelle, notre culture nationale. Tous les écrivains étrangers l'ont constaté. Il serait long de faire des citations édifiantes. Les écrits des auteurs étrangers n'ont pas convaincu, il paraît, les signataires de la brochure *Les Turcs et les revendications arméniennes*, puisqu'ils

(1) Nous empruntons ces chiffres à la brochure de M. Marcel Léart, qui les a puisés dans les statistiques officielles.

(2) M. le Dʳ Johannès Lepsius, le pasteur allemand bien connu, estime, lui aussi, que 80 o/o des Arméniens sont des agriculteurs (Voir son dernier ouvrage sur l'Arménie : *Les Massacres d'Arménie*, p. 327).

nous invitent, et invitent en particulier M. René Pinon (1) — qui avait osé affirmer la supériorité intellectuelle des Arméniens — à faire « la preuve de cette supériorité et de cette aptitude » (p. 10). Nous nous contenterons de citer des chiffres qui sont éloquents par eux-mêmes et qui concernent les écoles et les élèves arméniens, c'est-à-dire l'instruction publique, base de toute culture.

D'après une statistique du Patriarcat arménien de 1901, se rapportant aux années 1901 et 1902 (cinq ans après les grands massacres de 1895 et 1896 !) il y avait 528 écoles nationales arméniennes en Arménie turque (Cilicie comprise), avec 46.021 élèves. Il y a encore les écoles arméniennes privées, les écoles des différentes associations. Le mouvement scolaire a pris un nouvel essor après 1908, si bien que M. Marcel Léart, dans sa brochure déjà citée pusieurs fois, peut écrire : « Il y a dans l'Arménie turque 785 établissements arméniens d'instruction avec plus de 82.000, *tandis que les Turcs peuvent à peine y compter 150 écoles avec, environ, 17.000 élèves. Les Kurdes n'ont pas une seule école* » (p. 13).

Il faut encore noter que les écoles turques bénéficient exclusivement de l'impôt spécial pour l'instruction publique, sous forme de cen-

(1) Voir : *la Suppression des Arméniens*, p. 14.

time additionnel sur la dime, bien que cet impôt soit payé tant par les Turcs que par les Arméniens.

« SITUATION DE FAIT »

Jusqu'ici nous avons raisonné comme si ce petit incident qu'est la guerre, avec toutes ses calamités, n'avait pas eu lieu. Toutes nos statistiques sont des statistiques d'avant-guerre. Depuis, les massacres de 1915-1916-1917-1918 et les déportations ont coûté la vie à des centaines de milliers d'Arméniens. Les rangs de notre nation ont été littéralement fauchés par des atrocités épouvantables. La situation a donc changé. Les esprits « positifs », ceux qui se piquent de ne raisonner que sur les faits palpables, actuels, réels, et ont horreur de l'humanitarisme, peuvent nous objecter : « Nous compatissons à vos maux. Il est infiniment douloureux que les Arméniens aient été massacrés — et en si grand nombre ; mais que voulez-vous, ces actes, si abominables qu'ils soient, ont créé une situation de fait qu'il est impossible de ne pas envisager. Réfléchissez, comment vous pouvez revendiquer un pays où l'élément arménien ne compte pas pour ainsi dire, tandis qu'il est inondé de Turcs et de Kurdes ? »

Ce raisonnement « réaliste » ou « positiviste »

nous rappelle, — sauf une distinction dans les intentions — celui des journaux jeunes-turcs de Constantinople, qui, lors du passage de la commission américaine d'enquête dans la capitale turque, ne manquaient pas de sarcasmes sur les déclarations de ladite commission, au sujet de la création d'une Arménie indépendante, qu'ils qualifiaient : « La République des morts » (1).

Cette appellation sinistre faisait allusion à cette parole de Lord Bryce et de M. Emile Doumergue, doyen de la Faculté protestante de Montauban : « Dans une nation qui ressuscite, les morts ne sont pas les moins vivants. » (L'Arménie, les massacres et la question d'Orient, p. 195).

Nous ne nous attarderons pas sur cet aspect douloureux du problème, bien que nous ayions le droit de réclamer pour que le crime ne bénéficie pas d'une prime, en sanctionnant la « situation de fait » qu'il a créée.

Le professeur Charles Richet, Président du Comité français pour l'Arménie, a répondu avec éloquence à cette question : « Il n'y a pas à proprement parler de pays arméniens, en d'autres termes, il n'y a pas d'Arménie, l'Arménie n'existe pas !... Est-ce parce qu'il n'y a plus, dit-on, assez d'Arméniens ? Cela équivaudrait à dire qu'il existe un chiffre au-dessous duquel un peuple n'a pas le droit d'être libre. Aucune arithmétique ne peut fournir un pareil critérium. En fait, quel était le chiffre des popu-

(1) « Si le but de créer une Arménie dans nos provinces orientales tend à constituer une république des morts, les musulmans doivent également compter les morts avec les vivants. » Mémléket (journal turc de Constantinople), du 3 août.

lations balkaniques affranchies par la guerre russo-turque ?
Combien étaient les Grecs lorsqu'ils ont été délivrés ? Ils
étaient trois cent mille. Il reste encore environ un million
et demi d'Arméniens dans l'ancien empire ottoman. N'est-
ce pas assez pour mériter la liberté ? L'argument du nombre est dépourvu de toute valeur, et vouloir en faire état
serait plus monstrueux encore que l'acte même d'extermination accompli par les Turcs, car ce serait reconnaître de
sans-froid, après un an de réflexion, l'efficacité de cet
acte, ce serait le déclarer valable et le ratifier officiellement.
Cela, après la note collective du 24 mai 1915 ! »

(*Le Temps*, du 14 décembre 1919.)

Nous remarquerons que nos contradicteurs
enx-mêmes font absolument le mort sur les ra-
vages naturels et artificiels causés par la guerre.
Autrement dit, ils se taisent sur la suppression
violente de notre population, pour faire ressortir
davantage l'immensité de la majorité turque.
L'argument de « la situation de fait », que nous
appellerons « l'argument de massacre », ne vient
jamais sous leur plume. Ils font donc ce que
nous avons fait jusqu'ici : ils raisonnent comme
si la grande guerre n'eut jamais eu lieu. Est-ce
pour ne pas avouer ouvertement les atrocités
de leurs compatriotes ? Est-ce parce qu'ils considèrent cet « argument » comme superflu ? Probablement pour les deux raisons.

Nous ne suivrons pas l'exemple de cette pru-
dente réserve. Il faut prendre résolument le tau-
reau par ses cornes. Il faut donner satisfaction
aux « esprits positifs », aux amoureux de la
réalité vivante, puisque « situation de fait »
existe.

LA POPULATION PROBABLE DE L'ARMENIE INTEGRALE AU DEBUT DE SON INDEPENDANCE

Comment se présente actuellement la situaiton ? De combien a diminué le nombre des Arméniens par suite des massacres, des déportations, de la famine et des épidémies durant toute la guerre ? Voilà ce qu'il faut établir.

Si l'on se rapporte au *memorandum* arménien, « le quart du nombre total des Arméniens et presque la moitié des Arméniens habitant l'Arménie a péri » (p. 18). Les pertes totales s'élèvent à un million. Le *Livre Bleu*, du gouvernement anglais, après des calculs minutieux et impartiaux, estime que le nombre des victimes est plus près de 1.200.000 que de celui de 1.000.000 (p. 143). Comme nous avons vu plus haut (voir à la page 25), le nombre des Arméniens dans toute la Turquie étant supérieur à 2 millions, un million d'Arméniens ont pu donc échapper à l'extermination de notre race.

En dehors des survivants de la Turquie qui sont concentrés principalement en Cilicie, à Constantinople et ses environs, en Arménie russe, il y a plus de 1.230.000 Arméniens dans les frontières de la petite République Arménienne du Caucase. Dans les autres parties de la Russie méridionale on compte 508.600 Arméniens et dans le reste du monde (Amérique, Perse, Egypte, pays balkaniques, Russie, Pologne, Indes, Europe occidentale, etc.) il y a plus de 450.000 Arméniens. C'est dire qu'il reste encore environ 3 millions 200.000 Arméniens. Le rêve turc : exterminer toute la race, n'est donc pas réalisé !

Actuellement, sans que les frontières de la future Arménie soient tracées, et, l'ordre, la sécurité rétablis, un irrésistible mouvement d'immigration a commencé vers la Mère-Patrie.

Déjà, vers le mois de juin de cette année, 30.000 Arméniens de Bessarabie ont demandé des facilités au gouvernement arménien d'Erivan pour rentrer en Arménie ; 20.000 Arméniens de Crimée s'adressèrent au Patriarcat arménien de Constantinople dans le même but. Même désir des 50.000 Arméniens du littoral de la Mer Noire (Batoum, Sotchi, Sokhoum); quant aux 35.000 Arméniens de Bulgarie, « il a fallu réfréner leur zèle en les conjurant de ne pas se déplacer jusqu'à ce que les statuts des Arméniens aient été définitivement arrêtés », écrit le journal de langue française *Renaissance* (1) qui se publie à Constantinople. Nous ne parlons pas des 90.000 Arméniens des Etats-Unis dont au moins 50.000 attendent impatiemment la proclamation de l'indépendance arménienne par la Conférence de la paix, pour s'embarquer

(1) Du 5 août 1919.

à destination du pays natal qui est si cher à tous les cœurs arméniens.

Dans ces conditions, la population arménienne, au début de l'indépendance de l'Arménie intégrale, dépassera très probablement deux millions et demi. Nous comptons dans ce nombre presque la totalité des Arméniens de Turquie qui ont survécu aux massacres.

Nos auteurs sont pessimistes ; ils se demandent : « Les autres Arméniens de Turquie, ceux par exemple d'Angora, de Brousse, de Constantinople, iront-ils habiter l'Arménie autonome ? C'est fort douteux » (p. 5). Ce même doute fut exprimé par les journaux turcs de Constantinople. Quand la Commission américaine, que la Conférence de la paix avait chargée d'enquêter en Turquie d'Asie, posait la question de l'Arménie aux partis turcs, l'un d'eux écrivait : « Il s'agit tout d'abord de savoir si les Arméniens de Turquie abandonneront Constantinople et l'Anatolie pour aller dans les provinces orientales. » (Lisez l'*Arménie*) (1).

A cette objection, les commerçants, industriels et artisans arméniens de Constantinople se sont chargés de répondre de la manière la plus catégorique en remettant, vers le milieu du

(1) *L'Ijham*, du 2 août 1919.

mois d'août, au chef de la Commission américaine, un *memorandum* où ils affirmaient leur
volonté bien arrêtée d'immigrer en Arménie
aussitôt que les frontières en seraient délimitées.

LES TURCS, ET MEME TOUS LES MUSUL-MANS REUNIS, SERONT EN MINORITE DANS LA NOUVELLE ARMENIE.

Quel sera le nombre probable des Turcs, en
particulier, et des musulmans, en général, dans
la nouvelle Arménie, au seuil de son existence
autonome ? Voilà ce qu'il faut établir en prenant en considération les pertes turques,
comme nous l'avons fait pour les Arméniens.

Il ne faut pas, évidemment, prendre au sérieux l'affirmation d'un grand nombre de nos
ennemis qui prétendent que les Arméniens ont
massacré autant de Turcs que ceux-ci d'Arméniens.

Le parti opposé aux Jeunes-Turcs, l'*Entente
libérale*, a protesté vivement contre cette alléga-
tion fantaisiste (1). Le métier de massacreur ne
va point à l'Arménien civilisé ; c'est là un mérite que nous reconnaissons volontiers, et avec
nous le monde entier, aux Turcs. Nous enten-
dons ne pas leur disputer ce sinistre monopole.

(1) Le journal turc *Péyam*, organe antiunioniste, faisant
allusion à cette accusation, écrivait : « Peut-on, en toute
conscience, proférer un tel mensonge ? »

Pourtant, nos bons Turcs de Paris ramassent cette accusation pour nous prouver l'innocence de leur race. Ecoutez-les :

« Tandis que les Russes marchaient vers l'intérieur de l'Anatolie, les Arméniens massacraient une grande partie de la population musulmane qu'ils rencontraient sur leur chemin ; *le nombre de leurs victimes se chiffrait*, lui aussi, d'après les nouvelles qui nous parviennent du pays, *à des centaines de milliers.* » (p. 21-22).

Et, trois lignes plus bas, nos auteurs affirment :

« La trahison et les représailles des Arméniens, ainsi que les crimes de nos propres autorités, auraient causé, en définitive, la mort de plus de Turcs que d'Arméniens. » (p. 22) (1).

Entendons-nous. Nous concédons volontiers que les crimes des dirigeants turcs ont causé « la mort de plus de Turcs que d'Arméniens » ; mais quant à la trahison et aux représailles des Arméniens, c'est matière à prouver.

Sans doute, dans les endroits où les Arméniens se sont défendus les armes en mains, il y eut des « victimes » turques. C'est le cas, par

_____

(1) M. Pierre Loti est naturellement de cet avis. L'illustre romancier prétend que ce sont « les lapins qui ont commencé ». (Consulter sa brochure *Les massacres arméniens* et la lettre qu'il a fait paraître dans l'*Illustration* du 19 *avril* 1919.)

exemple, de Van, de Chabin-Karahissar, du Mont Moussa, d'Ourfa... Mais, de là à prétendre qu'il y eut des massacres turcs ou de vraies représailles organisés par les Arméniens, il y a loin.

Aussi, ne mettrons-nous pas sur le compte des « atrocités arméniennes » 600.000, et même 1.000.000 de Turcs massacrés, comme le prétend le mémoire de la Sublime-Porte, en date du 12 février 1919.

Une chose est certaine. Ces quatre années de guerre ont coûté terriblement cher aux Turcs en vies humaines, personne ne cherche à nier cette évidence. Nos ennemis trouvent que c'est nous, Arméniens, qui sommes coupables, en grande partie, de cette situation. Par contre, les adversaires des Jeunes-Turcs accusent ceux-ci comme étant la cause de la mort de 3.000.000 de Turcs. Ce chiffre ne doit pas être trop supérieur à la réalité. Rien qu'en tués, le gouvernement turc accuse 250.000 hommes. D'abord, il faut doubler ce chiffre, parce que la Porte a l'habitude de cacher les pertes aux public (1). Ensuite, il faut y ajouter un grand nombre de soldats morts par suite de blessures. (Le pourcentage des soldats turcs morts par suite de blessures est très élevé à cause du manque de trai-

---

(1) D'après le *Times* du 24 février 1919, il y aurait 436.974 tués et 103.731 morts par suite de blessures, etc... Ces données paraissent beaucoup plus exactes.

tement et de soins.) Et si nous comptons les pertes de la population civile turque causées par la famine et les multiples épidémies, nous tomberons d'accord avec le *memorandum* arménien qui déclare : « Leur (Turcs) nombre a diminué en Arménie dans une proportion plus grande qu'on ne le suppose généralement. » (p. 18). Le fait suivant illustre assez cette déduction.

A la fin de 1917, les trois vilayets de l'Arménie turque : Erzeroum, Van, Bitlis, qui ont été envahis par les Russes victorieux, ne comptaient que 46.000 Turcs et 50.000 Kurdes, tandis qu'avant la guerre, ces trois vilayets réunissaient : Turcs, 330.000 (soit une diminution de 284.000) ; Kurdes, 224.000 (soit une diminution de 174.000). D'après les déclarations officielles turques, plus de 700.000 musulmans s'enfuirent devant l'envahisseur moscovite (1).

Depuis « la révolte » de Moustafa Kémal Pacha, chef du *Techkilate Milli* (mouvement nationaliste), des nationalistes à la sauce jeuneturque, la situation est un peu changée en notre défaveur. Sous la terreur des bandes de Moustafa Kémal, les chrétiens, en général, et les Arméniens, en particulier, sont forcés d'abandonner leurs terres pour se réfugier sous des

(1) *Le Journal Officiel turc*, page 567, compte rendu sur la 42ᵉ séance du Sénat (cité par. *Réponse à la Sublime-Porte*, p. 10)

cieux plus humains (1). Et pendant ce temps,
le nouveau gouvernement d'Ali Riza Pacha
donne l'ordre d'envoyer dans les provinces
orientales (lisez l'Arménie) tous les prisonniers
turcs (100.000) qui rentrent avant même la signature de la paix.

Au surplus, quand l'Arménie sera déclarée
indépendante, les Turcs résidant sur les territoires arméniens voudront partir d'eux-mêmes
dans les pays de souveraineté turque, à l'exemple de leurs ancêtres et compatriotes du Caucase, de la Roumanie, de la Grèce et de la Bulgarie. Les gouvernements de l'Arménie et de la
Turquie ont intérêt à conclure des conventions
en vue du rapatriement de leurs nationaux dans
les limites de leur juridiction respective. Une
telle convention est sur le point de se conclure
entre la République arménienne d'Erivan et la
République d'Aderbeydjan, pour l'échange des
populations.

Il n'est donc pas audacieux d'affirmer, comme
le fait le *memorandum* arménien, que « dans

(1) *Le Temps* du 30 octobre publie ces lignes : « Les
assassinats individuels, l'impossibilité pour les Arméniens
de sortir des villages pour se rendre aux villes, l'audace
inouïe des chefs du mouvement nationaliste allant jusqu'à
faire confisquer les approvisionnements de céréales et les
automobiles du comité de secours américain, ont réduit au
désespoir les Arméniens, qui, à la suite de la victoire des
Alliés, se sont empressés de rentrer dans les provinces de
l'Arménie turque. Ces mêmes Arméniens tâchent maintenant de quitter ces régions et d'émigrer vers Samsonn ;
d'autres se dirigent vers la Cilicie et la Syrie. »

les frontières de l'Arménie, il reste à peine la moitié de la population musulmane qui existait avant la guerre, c'est-à-dire moins d'un million. » (p. 19).

Dès lors, on peut, approximativement, évaluer ainsi la population que l'Arménie aura dans les premiers temps de son indépendance.

Tableau montrant la population probable de l'Arménie nouvelle

NATIONS OU RACES	Dans l'Arménie unie	%	Suivant la religion	%
Arméniens.....	2.500.000	59,52	*Chrétiens* 3.000.000	71,42
Grecs, Nestoriens, Russes, Géorgiens....	500.000	11,90		
Turcs, Circassiens, Arabes.	500.000	11,90		
Kurdes	200.100	4,78	*Mahométans* 1.000.000	23,72
Tartares........	300.000	7,04		
Kezilbaches, Yézidis, Zazas ..	200.000	4,78	Religions diverses	4,78
Populations totales...	4.200.000	100.—		100.—

Si paradoxal que cela paraisse, au lendemain même de la proclamation de l'indépendance arménienne, les Arméniens auront la majorité absolue chez eux, malgré un million de cadavres des leurs.

« La situation de fait » n'est donc pas défavorable pour nous. Bien au contraire.

On se demande alors comment l'argument du nombre vient intervenir chaque fois qu'on parle de l'indépendance de l'Arménie ? C'est que la diplomatie et la propagande turques ont toujours compté sur l'ignorance du public européen des questions orientales pour faire admettre comme un axiome la fable de la majorité turque en Arménie. Ayant créé la légende, elles s'y sont accrochées définitivement et fortement. Il est temps que le *credo* du Turc élément dominant en Arménie soit enfin détruit. Il n'a qu'assez duré !

Non ! La République arménienne ne sera pas celle des morts, mais des 2.500.000 Arméniens survivants, qui s'adonneront au travail créateur pour panser les milles plaies de la Mère-Patrie, qu'ils relèveront de ses ruines suivant leur génie et leur foi ; ils cultiveront des relations de bon voisinage avec la Turquie future, tout en gardant au fond de leur cœur la mémoire chérie d'un million de martyrs que la « civilisation » turque a couchés par terre.

Ogni male non vien per nuocere ! (le résultat du mal n'est pas toujours de nuire).

II.- La Question Arménienne

et

Les Massacres de 1894-1896

Oui, parlons des responsabilités encourues dans les massacres arméniens.

La thèse turque est archi-connue. C'est celle que M. Pierre Loti ne se lasse pas de répéter et que nos auteurs expriment par cette dernière phrase de leur habile plaidoyer : « Il n'y a pas eu d'un côté que des loups, et, de l'autre, des agneaux. » (p. 24). Autrement dit, les Arméniens n'ont eu que ce qu'ils ont bien mérité.

Le but des auteurs de la brochure en question n'est donc point de nier les massacres ; pas du tout, ils affirment avec force, sinon avec sincérité : « Loin de nous la pensée de souscrire à ce système de répression et d'approuver les auteurs de ces monstruosités qui déshonorent l'humanité ; au contraire, nous sommes les premiers à demander le châtiment exemplaire de tous les chefs et de tous les subalternes qui ont trempé dans ces tueries. » (p. 20). Mais ce qu'ils veulent surtout prouver dans ce qu'ils appellent « la tragédie turco-arménienne » (p. 7), c'est : 1° l'innocence du peuple turc, qui « fut indigné

des procédés de ses dirigeants » ; 2° le **fait**
d'une attaque armée de grand style des Arméniens contre les Turcs » (p. 24), ce qui a amené
une répression féroce, œuvre unique du comité
« Union et Progrès ».

Pour arriver à cette conclusion, les Turcs
« ententophiles » de Paris, sous la devise de
Amicus Plato sed majis amica veritas ! fouillent l'origine de la question arménienne, qu'ils
trouvent dans les causes politiques, « dans ce
que fut l'empire des tzars » (p. 11). Et ensuite,
ils nous entretiennent longuement des intrigues
du gouvernement russe et de son « instrument » le mouvement révolutionnaire arménien, et des massacres de 1895-1896.

Nous avons tout intérêt de les suivre sur ce
terrain, où, justement, ils ne font pas preuve
d'un grand souci de la vérité, chère au disciple
de Platon dont ils invoquent la fameuse parole.
D'ailleurs, toute cette partie de leur argumentation est d'une confusion déconcertante, ex-
trême ; les contradictions et les inexactitudes y
fourmillent.

LA TYRANNIE TURQUE NE DATE PAS D'HIER

« Comment et quand naquit le problème arménien ? » se demandent-ils, et ils se répon-

---

(1) *La Suppression des Arméniens*, p. 26, 27.

dent : « Le problème arménien n'existait pas jusqu'en 1876 ; Turcs et Arméniens vivaient, jusque-là, en fort bonnes relations, et une grande confiance régnait entre ces deux races, également d'origine asiatique et de mœurs rapprochées. » (p. 8).

Notons d'abord qu'il est absolument faux que Turc et Arménien soient de même origine asiatique. Cela est vrai seulement pour nos anciens maîtres, qui sont venus du fond de l'Asie et sont de la race touranienne. Quant aux Arméniens, ils sont de race aryenne et d'après les plus anciens historiens grecs (Hérodote, Strabon) et les plus réputés savants contemporains, ils sont venus de l'Occident, de la Thrace vers l'Asie Mineure, contrairement aux grandes émigrations des anciens temps qui se sont faites de l'Asie vers l'Occident (1). Ensuite, les Arméniens ayant embrassé le christianisme, qui fut religion d'État à l'aurore du quatrième siècle, et possédant une langue, une histoire, une culture *fondamentalement différentes*, ne peuvent avoir — et n'ont pas, en effet — les mêmes mœurs que les Turcs mahométans. Ces deux éléments ont, pendant des siècles entiers, vécu côte à côte sans se pénétrer, sans même exercer une grande influence l'un sur l'autre.

(1) A ce sujet, voir notamment Dolens et Khatch, *Histoire des Anciens Arméniens* ; J. de Morgan, *Le Principe des Nationalités* (2° partie).

D'autre part, faire dater la question arménienne de 1877, de la guerre russo-turque et attribuer à ses origines des causes purement politiques, voire même des causes totalement étrangères au pays, c'est une hérésie historique condamnable.

La question arménienne existe en *fait*, du jour où le dernier des royaumes arméniens succomba sous les coups des hordes touraniennes, vers le milieu du quinzième siècle, c'est-à-dire du jour où elle a perdu complètement son indépendance. Tous ceux qui prétendent que « jusqu'avant 1877 les relations des Arméniens et des Turcs étaient empruntées d'une grande amitié » ou d'une grande confiance ne voient que la face des choses. Ils ignorent, ou font semblant d'ignorer, que ces fameuses relations n'étaient autres que celles qui peuvent exister entre le *seigneur dominateur* et *l'esclave dominé*, entre le maître et le « raya » (1).

Avant comme après 1877, la nation entière gémissait sous le poids de l'oppression turque.

---

(1) M. Zarzecki, ancien consul de France à Van, dans un article intitulé « La question kurdo-arménienne » (*Revue de Paris* du 15 avril 1914), écrit les lignes suivantes qui sont très caractéristiques :

« Les rapports entre Kurdes et Arméniens étaient ceux des seigneurs à serfs ; les Arméniens travaillaient, les Kurdes les protégeaient. Habitués à cet état de choses depuis des siècles, les Arméniens ne s'imaginaient pas qu'il pût en être autrement. »

Ce qu'on se plaisait à appeler le « milleti sa-
dika » (la nation fidèle), n'était autre qu'une
vache nourricière de l'Etat ottoman, pour laquelle on n'avait aucun égard.

La domination turque fut pour le peuple arménien une période noire. Mais, dès le début du
dix-huitième siècle, l'idée de l'indépendance
arménienne ressuscita dans les esprits. Israël
Ori en fut l'incarnation et le champion infati-
gable.

Les régions particulièrement montagneuses
de l'ancienne Arménie, qui avaient gardé une
demi-souveraineté (Karabagh, Sassoun, Zéïtoun) s'insurgeaient souvent.

Le mouvement de renaissance intellectuel et
patriotique qui commença au début du dix-neu-
vième siècle, aboutit à la conquête de la charte
d'une Constitution nationale (1863), qui garan-
tissait une certaine autonomie aux Arméniens
dans le cadre de l'Empire.

Le « milleti sadeka » n'était donc point satis-
fait de sa situation misérable et cherchait à allé-
ger le joug qui pesait sur ses épaules, en atten-
dant le jour où il pourrait réaliser son idéal : se
constituer en peuple libre.

Les nations chrétiennes de l'ancienne Turquie
d'Europe ont déjà réalisé cet idéal. Il suffit de
jeter un coup d'œil sur leur histoire, pour se

convaincre des origines lointaines, profondes de la question arménienne.

LE FEU ET LE FER : MOYENS DE GOUVERNER

> Les Turcs ont passé par là :
> Tout est ruines et deuil.
> Victor Hugo.

Tous les auteurs s'accordent pour admettre que les Turcs ont vécu comme des étrangers dans leur immense empire, au milieu des populations indigènes. Ils sont toujours campés dans leurs conquêtes, vivant par le fruit de l'exploitation et du pillage des *rayas* (1). Ne pouvant assimiler les peuples dominés qui gardent leur personnalité historique, et, d'autre part, n'ayant pas été civilisés ou assimilés par ces mêmes populations assujetties (ils en ont été empêchés par la religion et les mœurs musulmanes qui établissaient une barrière infranchissable entre le vainqueur et le vaincu), comme les Gallo-Romains ont assimilé les Francs et les Byzantins, les Slaves, les Turcs n'employèrent d'autres moyens que le fer et le feu pour imposer leur abominable domination. Tous mécontentements étaient noyés dans le sang.

---

(1) Seul, en Anatolie, on rencontre le paysan turc honnête et laborieux qui ne demande qu'une chose : vivre en paix sous n'importe quel maître.

Bien avant les massacres arméniens, l'histoire a enregistré les massacres grecs (à Chio en 1821, à Constantinople en 1822, en Macédoine et Thessalie, 1840, etc.), les massacres bulgares (1875-1876), les massacres des Syriens, des Libanais, des Maronites (1860). Une domination si sanglante devait pousser à la révolution les peuples soumis qui ne cherchaient que la première occasion pour s'affranchir du joug turc. L'occasion rêvée à cet égard, c'était la guerre engagée par la Turquie avec une puissance étrangère; guerre qui serait malheureuse pour la Turquie. Et c'est ainsi que successivement la Grèce (1820-1831), la Serbie (1804-1878), la Roumanie (1856-1878) et la Bulgarie (1878-1908), sans oublier le Monténégro, se détachèrent de l'Empire ottoman.

L'Arménien n'était pas soumis à un meilleur régime.

LA QUESTION ARMÉNIENNE EST AUSSI VIEILLE QUE LA QUESTION D'ORIENT

> Non, il n'y a pas de question arménienne. Il y a une grande et redoutable question d'Orient dont celle-là n'est qu'une des faces multiples.
> Fr. DE PRESSENSÉ.
> (*Revue des Deux-Mondes*, 1er décembre 1895.)

Occupée longtemps en Europe, la Porte n'at-

tachait pas une grande attention à ses possessions d'Arménie et de Kurdistan, où les beys
kurdes restèrent les maîtres à peu près indépen-
dants. Les Arméniens étaient livrés à leur bon
plaisir, comme les anciens esclaves. Leurs biens
et leur honneur étaient à la merci de l'*agha*
kurde à qui ils payaient l'impôt (*le hafir*, *le
hala*, etc.).

Aucun mouvement révolutionnaire ne répon-
dait encore à ces persécutions. Notre nation était
hébétée à force de souffrances et plongée dans
une sorte de résignation chrétienne. Le sentiment national était obscurci dans la grande
masse du peuple. Néanmoins, les tueries, les
persécutions étaient chroniques, sinon systématiques. Pendant la guerre de 1856, où l'attitude
des nôtres fut très loyale, les massacres arméniens prirent une telle proportion qu'ils « in-
quiétèrent » la Porte elle-même.

Dans ces conditions, comment peut-on prétendre que c'est seulement en 1878 que naquit
la question arménienne par les intrigues russes
et par la propagande de quelques hommes ?
Oui, à cette date la question arménienne s'est
posée devant la diplomatie européenne ; elle a
formé alors officiellement l'un des anneaux de
cette chaîne, de cette importante question inter-
nationale qui a nom : la question d'Orient (1) à

(1) Les orientalistes sont tous d'accord sur l'origine de la

laquelle elle était, avant, *moralement* liée. En 1878, elle s'est donc *internationalisée* et non **créée**. Le droit de l'Arménie existait déjà en état de *droit naturel*, à cette date il est entré dans le *droit positif*.

LES INTRIGUES RUSSES

Dès lors, est-il besoin d'insister davantage sur le néant des intrigues russes dans la « création » et le développement du problème arménien ? Il le faut, car des gens de bonne foi, comme le vieux W. Liebknecht, ont fait la même objection.

Nos contradicteurs écrivent : « C'est vers le troisième quart du siècle dernier qu'une entente tacite s'établit entre les révolutionnaires arméniens et le gouvernement russe » (p. 11). Et plus loin, ils indiquent le Catholicos d'Etchmiadzine (en territoire russe) comme « le siège où se tramaient toutes les intrigues secrètes et se cuisinaient les événements qu'on se proposait de faire exploser en temps et lieu voulus » (p. 12). Vous devinez la conclusion : « Après la guerre russo-turque, qui amena la libération des

question d'Orient, qui résulte : 1° de l'invasion des Turcs en Europe orientale ; 2° de la résistance des peuples chrétiens qu'ils n'ont réussi ni à assimiler ni à soumettre ; 3° de la rivalité des grandes puissances qui ont essayé, tantôt de les affranchir, tantôt de satisfaire leurs intérêts égoïstes.

Slaves balkaniques, les menées subversives, jusque-là secrètes... franchirent le siège épiscopal
pour se diffuser au grand jour et prendre l'offensive. Une délégation ayant à sa tête le patriarche
Nersès (nous ne sommes plus à Etchiadzine,
mais à Constantinople), va demander aux Russes
victorieux de vouloir bien intervenir en Turquie
en faveur des Arméniens ; on voit se dessiner la
trame et le complot » (p. 13).

Que d'absurdités en si peu de lignes ! La vérité historique y est abominablement dénaturée.
Les révolutionnaires arméniens *n'existaient pas*
« vers le troisième quart du siècle dernier » qui,
dans la pensée des auteurs, se place bien avant
1877. Par conséquent, il ne pouvait pas exister
« une entente tacite d'abord, avérée ensuite, entre les révolutionnaires arméniens et le gouvernement russe » Ils n'écrivent point la date
exacte de la création des partis révolutionnaires
arméniens, pour laisser subsister la confusion
en faveur de leur thèse. Procédé vraiment ma-
chiavélique. Or, le plus vieux parti révolutionnaire arménien, c'est le *Parti S. D. Hentchakiste*, du nom de son organe *Hentchak* (la
Cloche) dont le premier numéro parut à Genève,
en 1887. Mais ce n'est qu'en 1889 seulement, que
fut constitué le Parti avec des sections dans le
pays et à l'étranger. L'autre parti révolutionnaire, *la Fédération Révolutionnaire armé-*

nienne (Haï Héghapoghagan Tachnagtzoutioun), qu'on appelle par abréviation : *Le Tachnagtzoutioun*, a été fondé seulement dans les années 1890-92.

A aucun moment et pour aucune affaire, nul de ces partis ne s'aboucha avec le tzarisme qui, au contraire, les persécutait. *Le Hentchak*, qui dirigea les mouvements révolutionnaires de 1894 à 1896 dénonçait aussi bien la tyrannie du régime russe que du régime turc. L'idéal des révolutionnaires arméniens était opposé à l'idéal des Lobanoff, qui désiraient l'Arménie sans Arméniens. Au Caucase, les révolutionnaires Arméniens travaillaient de concert avec les révolutionnaires russes. Des deux côtés de la frontière, la nation arménienne se trouvait en danger de suppression : ici par la fusion, là par les massacres à jets continus. Soit en Russie, soit en Turquie, les organisations révolutionnaires arméniennes travaillaient en secret, sur le terrain illégal. Tous ceux qui étaient pris comme *hentchakiste* ou *tachnagtzagan* étaient ou pendus ou emprisonnés ou déportés.

Un de nos détracteurs allemands, M. Bratter, qui a écrit une brochure intitulée : *La question arménienne* pour laver les crimes des Turcs, est forcé d'avouer que les Arméniens disaient : « Le Turc prend nos cœurs, le Russe prend nos âmes » (p. 22). Mais il est bien entendu que la masse du peuple préférait mille fois le Russe au Turc.

La Russie *tzariste* (1) fut l'infâme complice de la Turquie hamidienne. Non contente de persécuter la partie de la nation arménienne qui lui était soumise, elle laissa faire, et même elle encouragea le Sultan Rouge à massacrer les Arméniens.

Rien ne montre mieux la politique suivie par l'ancienne Russie à l'égard de l'Arménie, que cette citation tirée du *Livre bleu* anglais, concernant les affaires arméniennes de 1894-1896.

Voici ce que déclarait le Prince Lobanoff, président du Conseil russe, à l'ambassadeur anglais à Saint-Pétersbourg :

« Le gouvernement russe ne consentira ja-
« mais à la création d'un Etat en Asie Mineure,
« où les Arméniens auraient des privilèges spé-
« ciaux et formeraient le noyau d'un royaume
« indépendant arménien, qui est le but pour-
« suivi par les comités révolutionnaires » (2).

D'autre part, voici un télégramme adressé de Moscou, le 10 octobre 1895, au *Daily Chronicle* où se reflète l'état d'esprit des milieux russes. Le

_____

(1) Il faut bien souligner le mot « tzariste », car le peuple russe a été de tout temps l'ami du peuple arménien.

(2) Les partis révolutionnaires arméniens n'ignoraient pas ces dispositions du gouvernement tzariste, puisque c'est dans le *Hentchak* du 15 mars 1896 que nous avons trouvé cette citation.

correspondant moscovite du journal anglais,
parlant de la manifestation arménienne devant
la Sublime Porte, télégraphie :

« Une grande inquiétude règne dans les
« milieux officiels qui craignent la propagation
« du mouvement révolutionnaire arménien de
« Turquie en Arménie russe, où déjà, par suite
« de la politique de russification, il y a un grand
« nombre de peuples mécontents.

« Le gouvernement russe est furieux contre
« l'Angleterre qu'il accuse de fomenter des
« troubles sur ses frontières ; puisque le siège
« central des révolutionnaires arméniens se
« trouve à Londres » (*Hentchak* 12 octobre 1895, p. 143).

On pourrait multiplier les documents de cette
nature qui montrent l'aversion du gouvernement russe pour les révolutionnaires arméniens.

Quant aux « intrigues anglaises », — dont on
ne parle pas dans la brochure : *Les Turcs et les
Revendications arméniennes*, mais qui sont
spécialement désignées, dans tous les ouvrages
d'avant-guerre et les ouvrages jeunes-turcs durant la guerre, — comme instigatrices des troubles arméniens, elles n'existent pas davantage.

Le fait que le siège central des hentcha-
kistes se trouvait à Londres pendant les troubles révolutionnaires de 1895-1898, ne signifie
nullement que les chefs révolutionnaires agis-

saient sous l'impulsion des agents britanniques. Londres était et reste le refuge de tous les révolutionnaires, de tous les bannis politiques. Le siège des hentchakistes du reste fut transféré en plusieurs villes : d'abord ce fut Genève (1887-1889) ensuite Athènes (1890-1891), puis Londres (1891-1904), après Paris (1906-1915), et finalement Tiflis (Caucase).

Peut-on prononcer la même accusation contre le gouvernement suisse, se basant sur le fait que le siège central des tachnagtzagans a été de tout temps la ville de Genève ?

LA DELEGATION ARMENIENNE DE 1878.

Ces prétendues intrigues ne peuvent en aucune manière expliquer la démarche du Patriarche Nercès auprès des Russes victorieux pour demander l'insertion, dans le Traité de Paix de San-Stéfano, une clause garantissant *l'autonomie administrative de l'Arménie sous la souveraineté turque* et non « l'indépendance », comme l'écrivent MM. les beys.

Nous l'avons dit plus haut : la Porte elle-même a encouragé les Arméniens à s'adresser au Grand-Duc Nicolas, généralissime des armées victorieuses, pour réclamer leur autonomie ; car, elle craignait l'annexion de l'Arménie occupée par la Russie. Sans doute, un peu plus tard, elle revient sur sa première décision ayant acquis

la certitude que le vainqueur serait forcé d'éva-
cuer les provinces arméniennes ; la flotte an-
glaise venait, en effet, de jeter l'ancre à la Corne
d'or; les rivalités des grandes puissances allaient
une fois encore sauver la Turquie qui était en
pourparlers avec l'Angleterre pour conclure la
Convention de Chypre.

Aussi, les laborieuses négociations de San Sté-
fano n'aboutirent-elles qu'à l'article 16 du
Traité de Paix, qui prévoyait des *réformes* en
Arménie au lieu d'autonomie, contre laquelle se
dressèrent les plénipotentiaires turcs. Au Congrès de Berlin les représentants de la Turquie
combattirent même le projet de réformes arméniennes. Le vent avait complètement changé de
direction.

C'est dans la situaton douloureuse des Armé-
niens, qu'il faut chercher les raisons des reven-
dications arméniennes défendues d'abord à
San-Stéfano par la Délégation du Patriarche
Nercès, ensuite à Berlin par la Délégation du
« Petit Père » Khriman.

Cette situation, qui était déjà pénible comme
nous l'avons vu, devint critique pendant la
guerre russo-turque. La soldatesque turque
aidée par certaines bandes kurdes et par les
émigrés circassiens, firent subir le martyre au
peuple arménien : pillant, ravageant, incen-
diant, tuant tout sur leur passage.

Le Conseil National Arménien de Constantinople protestait en vain auprès de la Porte qui faisait la sourde oreille. Le peuple de la province se mourait d'une mort lente et sûre. Les dirigeants arméniens ne voyaient le salut que dans l'autonomie. Pourtant, ils n'étaient ni révolutionnaires ni agents russes. Ils ne poursuivaient pas moins le grand rêve de l'Arménie libre, qu'ils avaient cru un moment si près de se réaliser.

NOUVELLE ERE DE SOUFFRANCES

Cependant, la date de 1878 eut une grande importance en ce qui concerne les rapports entre Turcs et Arméniens.

Le fait même que les Arméniens se plaignirent devant l'Europe des souffrances qu'ils enduraient et réussirent ainsi à faire de leur question un problème international donnant droit aux Puissances signataires du Traité de Berlin à s'immiscer dans les « affaires intérieures » de l'Empire, mit en fureur les gouvernants de la Turquie, dont le trône venait d'être occupé par le sinistre Abdul-Hamid.

Une ère de sauvagerie sans précédent allait donc commencer ; les Turcs ne pouvaient pas pardonner aux Arméniens le réveil de leurs aspirations nationales. Ils trouvaient extraordinaire que le peuple arménien, ce *raya*, ce *giavour* ne voulait plus se laisser égorger, piller, exploiter sans murmure, comme par le passé. Il fallait le punir de cette suprême audace. Et comme l'audace, le châtiment devait être suprême : la Mort !

Dès cette époque l'idée de « supprimer les Arméniens pour supprimer la question arménienne » germe dans l'esprit criminel du Néron des temps modernes, que plus tard Gladston appellera « le Grand Assassin », et Albert Vandal, « le Sultan rouge ». Hélas ! les Jeunes-Turcs, avec leur Talaat et leur Enver, devaient nous faire regarder l'époque d'Abdul-Hamid II comme un « heureux temps » (1).

Pour arriver à ses fins, le tyran de Yeldiz-Keuchk se servit de quelques tribus kurdes qui « étaient mécontents du relèvement lent et progressif des Arméniens ». Les régiments dits « hamidiens » furent créés et « reçurent carte blanche pour agir contre les Arméniens comme bon leur semblerait ». Ce qui est pis, « ces derniers étaient systématiqument désarmés et il ne restait en revanche qu'à former des sociétés révolutionnaires secrètes », ajoute le *Livre Bleu* anglais (page 99).

LES DIPLOMATES ECHANGENT DES NOTES.

Les esprits les plus calmes et les plus pacifi-

(1) L'expression est de Talaat Pacha.

ques se révoltaient dans leur for intérieur en présence dè tant de crimes et d'injustices.

Pendant ce temps, les grandes puissances faisaient entendre faiblement des protestations qui, manquant d'harmonie, étaient méprisées par la Sublime-Porte. Celle-ci n'ignorait pas les dissensions et les jalousies qui régnaient dans lé « concert » européen. Dès lors, les notes collectives des ambassadeurs, adressées au gouvernement turc pour faire exécuter les réformes stipulées dans l'article 61 du Traité de Berlin, au lieu d'améliorer le sort des Arméniens ne faisaient que l'aggraver.

A une note collective du 11 juin 1880, des ambassadeurs à Constantinople des six grandes puissances, la Porte ne daigne répondre que le 5 juillet 1880 d'une manière évasive et dilatoire. Ce document, signé d'Abédine pacha, prélude ainsi :

« En dépit des préoccupations et des difficul-
« tés de tout genre, résultant de la guerre, le
« Gouvernement impérial ottoman a toujours eu
« présent à la pensée l'exécution de ces clauses
« (l'article 61 du Traité de Berlin) et envoyé
« *dans toutes les parties du Kurdistan et dans*
« *d'autres vilayets,* plusieurs fonctionnaires
« compétents dont la mission consistait à re-
« chercher les moyens les plus efficaces *pour*
« *assurer la sécurité tant des Arméniens que des*

« *autres sujets fidèles* de Sa Majesté Impériale le
« Sultan. »

Joli, n'est-ce pas ?

L'article 61 ne parlait que des réformes à
introduire dans les provinces habitées par les
Arméniens ; la Porte ne parle que du... Kurdistan et « d'autres vilayets ». Les contractants de
1878 n'ont eu en vue que la sécurité des Arméniens paisibles et sans défense; la Porte, par un
de ses gestes magnanimes dont elle possède le
secret, s'intéresse aussi à « d'autres sujets fidèles
de Sa Majesté Impériale le Sultan », c'est-à-dire
aux Kurdes et aux Turcs armés jusqu'aux dents
et persécuteurs des Arméniens. Aux réformes
arméniennes le gouvernement de Constantinople répond par des projets de « réformes géné-
rales ». Cette tactique, inaugurée par Hamid,
sera suivie fidèlement par ses élèves les Jeunes-
Turcs.

Pouvait-on se moquer plus grossièrement de
l'Europe ?

Le 7 septembre 1880, les Ambassadeurs y ré-
pondent par une longue note collective. Ils
constatent : « L'étude attentive de la note du
5 juillet leur a prouvé que les propositions for-
mulées par le Gouvernement ottoman ne répon-
dent *ni à l'esprit ni à la lettre* de l'art. LXI du
Traité de Berlin » ; que « la Sublime-Porte se
refuse à reconnaître le degré d'anarchie qui règne dans ces provinces (arméniennes), et la gra-

vité d'un état de choses, dont la prolongation
entraînerait, selon toute vraisemblance, *l'anéan-
tissement des populations chrétiennes* de vastes
districts. »

A cette dernière note le tyran de Yeldiz-
Keuchk répondit par un redoublement de persécutions contre les Arméniens. Il était sûr de
l'impunité, parce qu'il était sûr de l'inaction de
l'Europe qui ne pourrait point passer de la parole à l'acte. Elle avait trop peur de voir s'ou-
vrir à nouveau la Question d'Orient, ce qui la
poussait à se cramponner, sans grande foi, au
dogme de l'intégrité territoriale de l'Empire
ottoman.

L'Europe civilisée et chrétienne trahissait la
cause arménienne.

Il ne restait aux Arméniens qu'une seule voie,
une seule espérance pour faire triompher leurs
légitimes revendications ; celle qu'avaient tracée
tous les peuples opprimés, et particulièrement
les populations chrétiennes de la Turquie d'Europe, pour obtenir leur libération ; celle que la
Constitution française de 1793 proclamait
comme le droit le plus sacré ; celle, enfin, que
leur montrait le « petit père » Khrimian, retour
de Berlin, — *la Révolution !* (1)

_____

(1) Dans un sermon où il rendait compte de sa mission, le futur Catholicos faisant allusion aux révolutions
grecque, serbe, bulgare, qui avaient abouti à la libération de ces peuples, prononçait cet appel à la Révolution :

LE MOUVEMENT REVOLUTIONNAIRE ARMENIEN

Ah! que de calomnies n'a-t-on pas jetées à la face des révolutionnaires arméniens, ces patriotes ardents qui avaient fait le sacrifice de leur vie pour le relèvement de la patrie meurtrie, ensanglantée. Toutes les misères que nous avons subies ont été attribuées à la révolution arménienne. Les Turcs ont su habilement exploiter l'épouvantail révolutionnaire pour « expliquer » leurs répressions féroces. Nos auteurs déclarent... naïvement : « En vérité les massacres arméniens vont suivre cette propagande par le fait dont les bombes lancées à la Banque Ottomane furent la première manifestation ». Ils ne disent pas la vérité. Nous l'avons établie — *les massacres ont précédé et non suivi le mouvement révolutionnaire.* L'affaire de la Banque Ottomane ne remonte qu'à la date de 1896, tandis qu'en 1894 et 1895 eurent lieu les grands massacres de Sassoun, de Trébizonde et de la plupart des villes de l'Arménie turque.

Ceux qui jugent la révolution arménienne d'une manière superficielle comme étant l'œuvre de quelques « exaltés », de quelques « per-

« Les autres peuples chrétiens se sont approchés du chaudron de la liberté (au Congrès de Berlin) avec des cuillers de fer ; nous, avec des cuillers de papier. Ils ont eu leur part, nous n'avons rien, car notre cuiller est restée au fond du chaudron. »

turbateurs établis à l'étranger », se trompent
lourdement. Il faut juger les faits dans leur con-
tinuité, leur enchaînement logique en les situant
dans le temps et l'espace. Les événements historiques ne peuvent être étudiés abstraction
faite du milieu économique, social et politique
qui les a produits. De même, on ne peut se prononcer sur le mouvement révolutionnaire arménien, qui a joué un si grand rôle dans ces trente
dernières années de notre histoire, sans l'exa-
men des causes profondes qui l'ont créé.

« Ou bien l'on condamne toute révolution, ou
bien l'on doit se demander, à l'égard des révolutionnaires, pour quel motif ils agissent et si
la misère de leur peuple ne justifie pas leur conduite », déclare le docteur Johannès Lepsius (1).
Ce sont ces motifs qu'a cherché à établir un
grand diplomate français, qui a saisi le sens,
le caractère éminemment *national* du mouvement révolutionnaire arménien.

Ce juge impartial, c'est M. Paul Cambon,
l'ambassadeur de la République française à
Constantinople. Voici ce qu'il écrit à son gouvernement en date du 20 février 1894 :

« ...Depuis plus d'un an, l'Arménie proprement dite (les six vilayets) et les provinces voi-
sines sont le théâtre d'événements graves. La
Porte, dans une récente circulaire à ses ambas-

(1) *Rapport secret sur les Massacres d'Arménie*, p. 307.

sadeurs, avouait que le sang avait coulé à Yozgat, et le Grand Vizir reconnaissait que l'Arménie était pour la Porte la plus grande préoccu-
pation. Les Turcs sont en train de rouvrir la
Question d'Orient du côté de l'Asie...

« L'article 61 du Traité de Berlin intéressait
l'Europe au sort des chrétiens d'Arménie et le
Traité de Chypre, en 1878, reconnaissait la
nécessité de « l'amélioration du sort des Arméniens ». A cette époque, *le réveil de la nationalité arménienne ne s'était pas encore produit;
l'idée de l'indépendance arménienne n'existait
pas, ou si elle existait, c'était seulement dans
l'esprit de quelques lettrés réfugiés en Europe.*

« La masse souhaitait simplement des réformes et ne rêvait qu'une administration régu-
lière sous la domination ottomane.

« *L'inaction de la Porte a découragé les bonnes volontés* des Arméniens. Les réformes pro-
mises n'ont pas été exécutées. Les exactions des
fonctionnaires sont restées scandaleuses, la justice n'a pas été améliorée, la création des régiments Kurdes-Hamidiés, soi-disant destinés à
surveiller les frontières, n'a pas été autre chose
que l'organisation officielle de pillage aux
dépens des chrétiens arméniens...

« C'est vers 1885 qu'on entendit parler pour
la première fois en Europe d'un mouvement
révolutionnaire arménien.

« Il fallait pénétrer dans la masse de la population arménienne deux idées très simples, l'idée de nationalité et l'idée de liberté. Les Comités se chargèrent de les répandre; les Turcs, par leur système inintelligent de persécution et d'exactions, se chargèrent de les faire valoir. *Peu à peu, ils se sont rendus odieux et insupportables à des populations qui s'étaient accoutumées à leur esclavage,* et comme s'il ne leur suffisait de provoquer ce mécontentement, les Turcs se sont plu à le grossir en traitant les mécontents de révolutionnaires et les protestations de complots.

« *A force de dire aux Arméniens qu'ils complotaient, les Arméniens ont fini par comploter; à force de leur dire que l'Arménie n'existait pas, les Arméniens ont fini par croire à la réalité de son existence, et ainsi, en quelques années, des sociétés secrètes se sont organisées, qui ont exploité en faveur de leur propagande les vices et les fautes de l'administration turque, et qui ont répandu à travers toute l'Arménie, l'idée du réveil national et de l'indépendance.* (*Livre Jaune français,* Affaires arméniennes, 1893-1897, n° 6):

Ce document officiel est une analyse pénétrante et juste des causes de la genèse des mouvements révolutionnaires arméniens. **Nous** n'avons rien à y ajouter, sinon de flétrir une fois de plus nos calomniateurs qui affirment de

l'air le plus convaincu : « En réalité, cette tragédie (lisez les Massacres de 1894-1896) est impu-
table aux meneurs arméniens alliés et instruments de la politique russe » (p. 16).

Non ! *la révolution arménienne n'était autre
que la fille de la tyrannie turque.* C'était aussi
une protestation contre l'Europe qui avait profondément déçu le peuple arménien par sa veu-
lerie frisant la complicité.

La voie diplomatique, la politique de requêtes
aux chancelleries des Grandes Puissances ayant
fait fallite, les Arméniens mettaient désormais
toute leur espérance dans leur propre action. La
devise était : On ne mendie pas la liberté ; on
la conquiert !

LA POPULARITE DE LA REVOLUTION

C'est avec enthousiasme que le peuple
opprimé de l'Arménie accueillit les premiers
révolutionnaires. Il y avait déjà des révolutionnaires avant le mot, plutôt des insurgés. En
Cilicie, *Tchakrian* menait une lutte de défense
armée contre les forces hamidiennes. A l'autre
extrémité, à Van, les *Arménagans*, dès avant
1885, s'efforçaient à éveiller les énergies nationales endormies. Leur chef, M. *Megrditch Por-
tonkalian*, est venu à cette date s'établir à Mar-
seille pour y faire paraître le premier organe

arménien libre, *Armenia*, qu'il dirige toujours avec talent et un grand dévouement pour la cause nationale.

Il ne s'agissait pas d'un soulèvement organisé, mais de mouvements sporadiques, sans aucune connexité entre eux.

Le vrai parti révolutionnaire arménien ayant un programme précis, des ramifications, des sections dans tout le pays, n'existait pas encore. Ce rôle, et en même temps cet honneur, étaient réservés aux fondateurs du parti hentchakiste. Vient ensuite le parti révolutionnaire *Taschnag-tzoutioun*, qui eut bientôt une forte organisation et rayonna dans la grande Arménie.

Nos contradicteurs, après avoir affirmé que ce sont les révolutionnaires qui ont été la cause des massacres de la population arménienne, prétendent que « la masse arménienne conserva son sang-froid (?), se garda de distraire des sympathies séculaires (!) qu'elle avait pour les Turcs ; qu'elle maudissait les fauteurs de désordre plus qu'elle n'incriminait les auteurs de la répression » (p. 15-16).

Ne nous arrêtons pas sur les contradictions que ces lignes contiennent. Nous nous bornerons simplement à la remarque suivante : la popularité du mouvement révolutionnaire était telle chez les Arméniens que, quatre ou cinq ans après sa fondation (1887), le Parti Hentchakiste, qui avait inscrit sur son étendard rouge l'indépendance de l'Arménie comme but immédiat, et l'émancipation économique du peuple arménien comme but éloigné, a organisé et dirigé la grande démonstration de Constantinople, les révoltes de Sassoun et de Zéïtoun.

Bien entendu, il se trouvait, à Constantinople et dans les grandes villes de Turquie où la terreur ne se faisait pas sentir avec toutes ses monstruosités, de gros commerçants, des fonctionnaires arméniens privilégiés qui ne voyaient pas d'un bon œil l'action des « perturbateurs ».

Mais le vrai peuple arménien, celui de l'Arménie, qui peinait et se faisait tuer à petit feu, a accueilli les révolutionnaires comme ses sauveurs. Il a reconnu en eux ses dignes fils, issus de ses propres souffrances et de son propre sein. Non ! il n'a jamais béni ses bourreaux turcs et maudit ceux qui avaient fait le sacrifice de leur vie pour son émancipation à lui.

TROP DE ZELE...

Avant la grande guerre, tous les écrivains turcs (les Vieux comme les Jeunes) n'avaient que des paroles de regret sur les « tristes événements de 1895-1896 » dont ils ne cherchaient pas à rendre les Arméniens responsables. Le seul coupable était le Sultan déchu, Abdul-Hamid.

C'est lui qui avait ordonné les massacres des Arméniens. Que de fois n'avons-nous pas entendu des orateurs jeunes-turcs faire le procès du régime hamidien, source de tous les malheurs des Arméniens et des... Turcs ! Ah ! après la révolution ottomane les révolutionnaires arméniens étaient portés en triomphe, ils étaient « les sauveurs de la patrie commune ».

Survient la guerre. Les Jeunes-Turcs achèvent l'œuvre commencée par Abdul-Hamid. Pour « justifier » leurs forfaits dans tous les écrits qu'ils publient à Constantinople, en Suisse et à Paris, ils remontent aux causes des massacres de 1895 et 1896. Ils y soutiennent la thèse contraire à celle qu'ils avaient défendue après 1908. C'est la faute aux Arméniens, aux révolutionnaires arméniens, si Hamid a fait massacrer plus de 300.000 êtres humains inoffensifs. C'est l'éternel argument du loup contre l'agneau. Faut-il, pourtant, que nos ennemis aient la mémoire si courte pour oublier ce qu'ils affirmaient — juste le contraire — avant la guerre ? Ou l'application par les Jeunes-Turcs eux-mêmes des méthodes hamidiennes a-t-elle rendu sympathique à leurs yeux le sinistre tyran, au point de chercher maintenant à réhabiliter sa triste mémoire? Que ne doivent-ils être à bout d'arguments pour recourir à de tels moyens?

C'est ce que font aussi nos farouches « anti-

Jeunes-Turcs » de Paris. Il aurait mieux valu pour eux garder un silence pudique sur les horribles massacres du *Sultan Rouge*, comme ils le font sur ceux d'Adana (1909). Leur plaidoyer y gagnerait, si possible. Ce n'est point en défendant Abdul-Hamid et en accusant la révolution arménienne qu'on fera prévaloir la cause du peuple turc.

Depuis plus de vingt ans que les massacres hamidiens ont eu lieu, des livres officiels français, anglais, et de nombreuses publications, parurent sur ce sujet, tous conclurent à l'entière et totale responsabilité du gouvernement turc et de ses organes (1).

Pour éliminer la promesse de réformes que la Porte avait faite à Berlin sous la contrainte, elle poursuivait de sang-froid la suppression des Arméniens. « C'était là un acte horrible, une ignominie dans les détails, mais cependant un morceau de politique à la façon asiatique ». Cette parole est d'un Allemand, du pasteur F. Naumann, ami du Kaiser, qu'il avait accompagné

---

(1) Citons, entre mille documents, un télégramme officiel adressé de Diarbékir par le vice-consul de France, M. Meyrier, à M. Cambon, ambassadeur de la République Française à Constantinople, en date du 2 novembre 1895.

« Depuis plusieurs jours, les musulmans préparent ce massacre, ils l'ont mis à exécution de *leur plein gré et sans provocation*. L'invasion de la mosquée par les Arméniens est de pure invention. Le massacre a duré toute la journée et ne semble pas près de finir. » (*Livre Jaune*, français, annexes n° 108).

dans son voyage à Constantinople en 1898, deux ans après les massacres. Ce digne pangerma-niste n'accablait point les victimes pour inno-center l'impérial assassin. Nos contraincteurs font plus de zèle ; ce seul fait les juge.

LA REVOLUTION OTTOMANE
ET LES MASSACRES D'ADANA

Le mouvement révolutionnaire se ralentit un peu après 1895-1896. La méthode des manifes-tations isolées fut abandonnée par les hentcha-kistes. Les tachnagtzagans s'approchèrent des libéraux turcs pour arriver à une entente en vue d'une action commune contre le despotisme hamidien.

C'est dans ce but qu'ils prirent l'initiative d'un Congrès des partis révolutionnaires de Tur-quie qui eut lieu à Paris, au mois de décem-bre 1907. Du côté turc participèrent le Comité « Union et Progrès » et la « Ligue Fédéraliste » du prince Sabaheddine. Le parti hentchakiste refusa son adhésion, parce qu'il n'accordait aucune confiance aux Jeunes-Turcs, les tenant pour aussi panislamistes et ennemis des peuples allogènes que le Sultan Abdul-Hamid lui-même, que les congressistes projetaient de déposer.

L'accord établi à ce Congrès sur quelques principes fondamentaux impliquait, d'une part, le loyalisme des Arméniens à l'égard de l'Empire ottoman ; d'autre part, la condamnation, par les Turcs, des procédés barbares du gouvernement de Constantinople, dont ils reconnaissaient l'entière responsabilité dans les atrocités arméniennes.

En réalité, les décisions de ce Congrès n'influèrent qu'indirectement sur la révolution qui s'accomplit six mois plus tard (juillet 1908). Et, bien que l'un des partis qui prirent part au Congrès, le Comité « Union et Progrès » revint au pouvoir (parce que les chefs militaires de l'armée macédonienne qui avaient fait la révolution étaient ses adhérents), il ne fut tenu aucun compte des décisions adoptées en commun à Paris.

Tous les peuples, et particulièrement le peuple arménien qui avait tant souffert, saluèrent avec joie le nouveau régime. Ils crurent sincèrement que la Jeune-Turquie allait mettre fin à leurs souffrances, puisqu'elle proclamait bien haut : *Houriet* (liberté), *Adalet* (justice), *Mussavat* (égalité). Et, en effet, pendant quelques mois, — six mois au plus — ce fut le véritable règne du droit en Turquie. Les partis arméniens abandonnèrent le terrain illégal et se conformèrent aux dispositions de la nouvelle Constitution.

Hélas ! la joie ne devait être que de courte durée. Au mois d'avril 1909, le sang arménien coula abondamment en Cilicie : 25.000 Armé-

niens furent massacrés à Adana et ses environs.
Le gouvernement jeune-turc en rejeta, tout
d'abord, la responsabilité sur Abdul-Hamid,
qu'il venait de détrôner après l'écrasement du
mouvement anti-unioniste. Ensuite, il inventa la
fable d'une révolution arménienne. A son tour,
cette accusation fut réduite à néant et la responsabilité du gouvernement central apparut au
grand jour. Les Jeunes-Turcs tenaient à donner
une « leçon » aux Arméniens, qui se croyaient
être les égaux des Turcs et prenaient au sérieux
leur qualité de citoyen ottoman.

Malgré la terrible leçon, les comités arméniens
ne résolurent pas « de reprendre leur programme, qui consistait à élever coûte que coûte,
sur les ruines de Turquie, une Arménie indépendante » (p. 17). C'est faux ! Tous les partis
arméniens proclamèrent leur loyalisme et répu-
dièrent solennellement les tendances séparatis-
tes, croyant que la solution de la question arménienne se ferait par la voie constitutionnelle et
avec le concours des libéraux turcs.

COMME SOUS LE REGNE DU SULTAN ROUGE

Avec toute l'Europe, les Arméniens persévé-
rèrent à faire confiance à la Jeune-Turquie.
Mais l'intolérable système de centralisation et les
efforts avérés de « turcisation » des nouveaux
maîtres de la Sublime-Porte ne tardèrent pas à

soulever des mécontentements de tous côtés.
Bientôt les peuples allogènes s'aperçurent que le
but des Jeunes-Turcs était de faire de la Turquie
un état homogène avec l'hégémonie absolue de
la nation turque, du Milléti hakimé (la nation
dominante) et de l'islam sous le couvert de l'ottomanisme.

Les réformes administratives, politiques et sociales qu'on était en droit d'attendre, furent sys-
tématiquement écartées. Conséquences ? Révolte
des peuples opprimés.

Des expéditions militaires furent envoyées
pour noyer dans le sang les soulèvements des
Albanais (en 1908 contre Issa-Bolétinatz, en 1909
contre les Malissores et les Loumiotes, en 1911
contre les Mirdites et les Malissores), qui ame-
nèrent une intervention de l'Autriche en leur
faveur.

Les Arabes eux-mêmes, qui formaient l'élément le plus nombreux (12 millions) n'eurent
pas lieu de se vanter du nouveau régime. Fiers
de leur haut passé, ils ne désiraient point se fu-
sionner dans un ottomanisme amorphe. Ils tenaient trop à leur individualité propre qui allait
à l'encontre des buts jeunes-turcs. Aussi, le
Yemen, l'Assyr ne tardèrent-ils pas à se soulever
comme sous l'ancien régime.

La Macédoine, elle, était de nouveau en ébul-
lition. Des lois draconiennes ne servirent qu'à

attiser les haines contre l'ennemi commun. Et
l'on vit cette chose extraordinaire : l'alliance des
Grecs, des Bulgares et des Serbes pour tomber
sur le dos des Turcs.

Pendant ce temps, l'Arménie était en pleine
anarchie. De nouveau pleuvèrent au Patriarcat
des mémoires et des rapports sur les pillages,
assassinats accomplis par les Turcs et les Kurdes,
à l'instigation ou avec la connivence des pouvoirs locaux. Rien n'était donc changé à la situation des Arméniens.

Et pourtant, les Arméniens ne suscitèrent aucune difficulté au gouvernement jeune-turc.
L'Arménie resta calme et n'imita pas l'exemple
de l'Albanie, de la Macédoine et de l'Arabie. Le
mot d'ordre restait toujours : Faire crédit au
nouveau régime. Voilà une vérité historique que
nos ennemis ne peuvent démentir malgré toute
leur mauvaise foi.

LA GUERRE BALKANIQUE ET L'ACCORD DU 8 FEVRIER 1914.

La faillite de la Jeune-Turquie fut officiellement consacrée le jour (27 septembre 1912) où
les grandes puissances, par une note collective,
déclarèrent à la Porte qu'elles prendraient en
mains l'introduction des réformes en Macédoine,
d'après l'article 23 du traité de Berlin. C'était le

seul moyen d'éviter une guerre désastreuse. Le gouvernement turc préféra s'enfermer dans sa tour d'ivoire et écarta « l'ingérance » de l'Europe dans ses « affaires intérieures ». Les Etats balkaniques, eux-mêmes, ne tenaient guère à la médiation européenne et désiraient régler leurs différends par la force des baïonnettes.

Pendant toute la durée de la guerre balkanique, l'attitude des Arméniens de la Turquie fut loyale. Les soldats arméniens combattirent vaillamment dans les rangs turcs et furent l'objet de vives félicitations de la part des autorités militaires turques. Ceci est attesté même par l'ineffable Pierre Loti (1).

Bien entendu, cet avis n'est pas partagé par nos auteurs, qui écrivent : « Les Grecs et les Arméniens ont essayé de pêcher en eau trouble et prirent une attitude indigne des enfants d'une patrie commune » (l).

Cette « attitude indigne » consiste, pour les Arméniens, dans leur recours aux grandes puissances, dont les représentants s'étaient réunis en conférence à Londres pour liquider les deux guerres balkaniques.

Le « complot arménien » fut dès lors avéré,

---

(1) Voir son livre *Turquie agonisante* (publié en 1912) à la page 94, où il dit entre autres : « Les Arméniens placés sous leurs ordres (officiers turcs) s'étaient conduits avec courage... »

suivant nos ennemis, puisque le Catholicos
d'Etchmiadzine avait nommé une délégation nationale sous la présidence de Boghos Nubar
Pacha, digne fils de l'illustre Nubar, pour plai-
der la cause arménienne devant l'Europe.

Par ce geste, les Arméniens signifiaient, *après
les Albanais, après les Macédoniens, après les
Arabes, après les Puissances elles-mêmes*, qu'ils
ne faisaient plus confiance aux Jeunes-Turcs et
devaient à nouveau attendre leur salut de l'introduction des réformes en Arménie sous le
contrôle européen (1). C'était porter la question
arménienne sur le terrain international. Cela
mettait les Jeunes-Turcs en fureur. Ils étaient
trop fiers de leur souveraineté qu'ils cherchaient
à rendre absolue par l'abolition des Capitulations (2). Tous leurs efforts à vouloir négocier directement avec les Arméniens au sujet des réfor-

(1) Le Patriarcat arménien était fatigué de présenter à
la Porte des *takrirs* sur l'affreux sort des Arméniens, sans
qu'il obtint aucun résultat. A la fin, le Patriarche Zaven,
le 18 mai 1913, fit une démarche suprême auprès du
Grand-Vizir, et lui signifia nettement son intention de
« faire appel à la compassion du monde civilisé », en
désespoir de cause.

(2) Les Capitulations consistent principalement dans le
droit reconnu aux ressortissants des puissances européen-
nes de porter devant leurs consuls les procès qu'on leur
faisait et dans le privilège d'échapper aux impôts. Elles
forment un ensemble de conventions dont le point de
départ est le traité conclu en 1507 entre Soliman et Fran-
çois Ier.

mes restèrent sans résultat. Nos représentants insistèrent et obtinrent à la fin le *contrôle européen*, sans lequel aucune réforme n'est possible en Turquie.

Et c'est ainsi qu'après de laborieux pourparlers, où l'opposition turque suscitait sans cesse des difficultés, fut conclu l'accord russo-turc, en date du 26 janvier-8 février 1914 (1). Cet accord ne portait aucune atteinte à l'intégrité territoriale de l'Empire ottoman. Il partageait l'Arménie en deux secteurs, à la tête desquels étaient placés deux inspecteurs européens qui devaient être nommés par la Porte suivant les indications des puissances. Il ne donnait pas une entière satisfaction à la nation arménienne, mais il constituait un sérieux pas vers sa libération. C'est grâce à la Russie que nous avons eu ce résultat, car la Russie avait modifié sa politique à notre endroit. Elle voyait d'un bon œil les réformes arméniennes qui commençaient à intéresser *même l'Allemagne*. Celle-ci cherchait à acquérir les sympathies des Arméniens, auxquels elle tenait « à cause de leur prépondérance dans la Cilicie, qu'elle considérait comme étant dans

(1) Les différentes phrases de cet accord sont étudiées en détail dans l'admirable livre que M. A. Mandelstam a fait paraître en 1917, sous le titre : « *Le sort de l'Empire ottoman.* » (Voir pages 215-242).

la sphère de sa zone d'influence » (2). Naturellement, au fond, elle s'est surtout ingéniée à ré-
duire le projet russe à ses plus étroites limites,
afin de faire valoir ses services auprès de la
Porte, dont la sympathie lui était plus chère et
— plus utile.

Voilà l'un des crimes commis par les Arméniens que les Turcs invoqueront quelques mois
plus tard pour « justifier » ou pour « expliquer »
le massacre d'un million d'Arméniens pendant
la grande guerre.

(2) Dépêche du 27 janvier 1914 de M. Goulkévitch, chargé
d'affaires de Russie à Constantinople, à M. Sazonoff, ministre des Affaires étrangères de Russie (*Livre orange*, N° 148,
p. 170-174, rapporté par A. Mandelstam (p. 242).

III.-Les Années Terribles
1915-1916-1917-1918

Ils gisent dans le champ terrible et solitaire ;
Leur sang fait une mare affreuse sur la terre ;
Les vautours monstrueux fouillent leur ventre ouvert,
Leurs corps. farouches, froids, épars, sur le pré vert,
Effroyables, tordus, noirs, ont toutes les formes
Que le tonnerre donne aux foudroyés énormes.
. . . .
Le vaste vent glacé souffle sur ce silence...

Victor Hugo.

Durant des siècles le vautour turc rongea le cœur arménien, mais il n'arriva pas à le faire cesser de palpiter. Rarement il est donné d'admirer un peuple comme le nôtre, rempli d'une si merveilleuse vitalité. Les Mongols de Gengis Khan, les Tartares de Tamerlan passèrent comme un terrible ouragan sur l'Arménie, sans parvenir à détruire la race. A toutes les persécutions, ainsi qu'à toutes les avances et à toutes les menaces, la nation arménienne opposa sa farouche volonté de durer et de demeurer elle-même. Elle se plia sous le joug, il est vrai, elle souffrit le martyre, elle but le calice jusqu'à la dernière goutte, mais elle n'abjura pas sa foi ardente et ne perdit pas son génie national.

Cependant, au cours de ces quatre ou cinq années, il y eut des moments où les plus fermes esprits se demandaient avec angoisse si l'heure de la disparition n'avait pas sonné pour cette vieille nation. On frémissait à la pensée que l'Arménie pourrait se changer en un immense cimetière. Le tombeau s'ouvrait pour enterrer tout un peuple.

Une tempête effroyable, d'une intensité et d'une puissance jusqu'alors inconnues, s'était abattue sur notre pauvre population sans défense. On aurait dit que toutes les forces infernales s'étaient liguées pour la perdre. Jamais le mot célèbre de Shakespeare : *Etre ou ne pas être* n'avait trouvé une si juste application que dans ce cas. Il fallait vraiment que la race possédât une énergie prodigieuse pour faire face à la catastrophe et pour survivre.

Le doute était donc permis.

OEUVRE DE SANG INIMAGINABLE

Un homme civilisé, un Européen, ne peut se faire une idée des horreurs, des souffrances qu'a subies le peuple arménien pendant ces *Années Terribles*. Aucun écrit, d'ailleurs, ne peut rendre l'affreuse réalité. Même nous, Arméniens, qui avons été atteints dans nos plus chères affections, c'est avec peine que nous saisissons toute la tragédie.

En effet, pouvez-vous vous figurer ? d'un côté, un grand pays fermé au monde extérieur par suite de la guerre et livré à toutes ses mauvaises passions déchaînées, plus de deux millions de Turcs et de Kurdes mobilisés, les portes des prisons grandes ouvertes devant les condamnés de droit commun à qui des armes ont été distribuées, la haine séculaire et le fanatisme animant toute cette foule barbare qu'on a sermonnée et surchauffée par la déclaration de la *guerre sainte* aux « chiens de chrétiens », un gouvernement de cannibales qui tient admirablement tous les fils du complot — du crime — entre ses mains et qui est décidé à réaliser ses projets d'extermination des races qui ne veulent pas se « turciser » ; de l'autre, un peuple chrétien raffiné, *complètement désarmé et sans protecteur*, mis au ban de l'humanité et traqué comme une bête sauvage et que l'on fait mourir peu à peu par le fusil et par le yatagan, par le feu et par l'eau, par l'infâmie et par l'outrage. C'est là « une abomination qui a beau être vraie, vraie, vraie, elle reste invraisemblable, impossible même pour l'imagination du plus déséquilibré », s'est écrié M. Emile Doumergue. (*Conférence sur l'Arménie*, le 16 janvier 1916.)

C'est M. Paul Painlevé, dont tout le monde apprécie la haute conscience, qui a déclaré :

« Il est des horreurs que notre imagination « se refuse à concevoir. Quand on songe que ces « crimes s'accomplissent impunément depuis un

« an ; quand on songe qu'ils affligent non pas
« quelque tribu sauvage du centre de l'Afrique,
« que sa grossièreté même préserve dans une
« certaine mesure contre la douleur, mais une
« des races les plus hautement civilisatrices, ad-
« mirablement douée pour tous les arts de la
« paix ; quand on songe que cette jeune fille,
« dont parle un témoin, qui a vu onze de ses
« parents, toute sa famille massacrée, a reçu
« l'éducation dans nos écoles ; quand on pense
« que ce mobilisé arménien, revenant en per-
« mission à son foyer, qui trouve sa maison
« occupée par des Turcs et les petits cadavres
« mutilés de ses enfants gisant le long de l'Eu-
« phrate ; quand on pense que cet homme est
« un médecin de notre Sorbonne ; quand on
« pense que ce n'est pas fini, qu'à l'heure même
« où nous sommes réunis, les mêmes tueries se
« répètent sur toute la surface de l'Arménie et
« que ce sont des êtres à face humaine qui orga-
« nisent ces choses, que dire si ce n'est qu'on se
« sent épouvanté d'être homme ! » (1).

C'est le consul général d'Italie à Trébizonde,
M. Gorrini, témoin oculaire du massacre des
Arméniens de cette ville, qui, se sentant impuissant à décrire les scènes de carnage auxquelles
il assista, s'est écrié :

(1) Discours prononcé à la Grande Manifestation en
l'honneur de l'Arménie, dans le grand amphithéâtre de
la Sorbonne, le 9 avril 1916.

« Ah ! si l'on savait ce que je sais, tout ce
« que j'ai vu de mes yeux et entendu de mes
« oreilles, la chrétienneté entière se demanderait
« si tous les cannibales et toutes les bêtes féroces
« de ce monde ne se sont pas réfugiés à Stam-
« boul. » (Déclaration publiée dans le journal *Il
Messagero* de Rome du 25 août 1915.)

Nous pourrions multiplier ces témoignages par
des citations tirées des discours ou des écrits
d'éminents hommes d'Etat et auteurs alliés, neutres et même allemands, car il s'est trouvé des
Allemands, tels le docteur J. Lepsius et Harry
Stuermer, — pour ne citer que ceux-là, — qui
ont clamé la vérité en dépit de leur gouvernement. Le premier est assez connu. Le second,
Harry Stuermer « pour soulager sa conscience
vis-à-vis de la vérité et de la civilisation », aban-
donna son poste de correspondant particulier de
la *Gazette de Cologne* à Constantinople et se réfu-
gia en Suisse, où il fit paraître, en 1918, un
livre contenant ses impressions : *Deux ans de
guerre à Constantinople*. Il y démontre qu' « il
y a encore des Allemands qui se sentent incapables de se taire devant tant de saleté morale
et de bêtise politique de la part de leur propre
gouvernement et d'un gouvernement allié »
(turc). Il dénonce la responsabilité allemande
« dans cet horrible mélange de massacres, et
« d'atrocités ».

OU L'ON VOIT QU'UN MILLION D'ARMENIENS
SONT « CHATIES » POUR LE PRETENDU
CRIME DE QUATRE A CINQ MILLE DES
LEURS.

> La question de savoir si un
> Arménien est coupable ou non,
> si l'on a contre lui des soupçons
> de crime contre l'Etat, s'il est
> convaincu ou non d'une faute,
> devant un tribunal régulier,
> n'existe pas pour la conscience
> d'un Mahométan.
>
> LEPSIUS.
>
> (*Rapport secret*, p. 257.)

Une littérature abondante et d'innombrables
articles de journaux et de revues parus dans
toutes les langues ont relaté en détail et d'après
des témoignages irrécusables, la martyrologie
arménienne de ces *Années Terribles*. Il ne sera
rapporté ici aucun document officiel concernant
les scènes de carnage : massacre sur place ; déportation en masse vers des contrées lointaines,
à pied, à travers des pays sauvages et au milieu
des populations hostiles ; attaque des infortunées
caravanes ainsi formées ; viol et vente des
femmes et des jeunes filles ; conversion forcée
à l'islam ; pillage et vol des maisons et des biens
abandonnés ; désert, famine, épidémie, réservés
aux survivants... Le tableau est encore loin
d'être complet. Tous les auteurs, qu'ils soient

Français ou Anglais, Russes ou Italiens, Suisses ou Américains, Danois ou Suédois, concluent unanimement à la responsabilité entière et totale du gouvernement turc, qui a trouvé d'excellents agents d'exécution en la personne des masses ignorantes et fanatiques kurde et turque, et un puissant complice dans l'ancienne Allemagne impériale.

Personne ne nie les crimes accomplis. Les auteurs de *Les Turcs et les Revendications armé-niennes*, forcés d'avouer les massacres, les attri-buent « aux aventuriers qui se trouvaient à la tête du gouvernement central, ordonnés par les acolytes du trop fameux Comité « Union et Pro-grès... » Se reprenant, ils font preuve d'une grande mansuétude envers leurs « adversaires » politiques en ajoutant aussitôt après : « ...et per-pétrés (les massacres), *apparemment* et *proba-blement*, en vue de châtier les Arméniens ». Ne pensez-vous pas que les adverbes « apparem-ment » et « probablement » vont admirablement ici ?

La peine infligée aux Arméniens n'est donc autre chose que le châtiment d'un crime « ap-parent » et « probable ». Les « bons Turcs » de Paris ne paraissent donc pas tout à fait certains du crime arménien ? Détrompez-vous ! Quelques lignes plus loin ils entreprennent la démonstra-tion de la « trahison des Arméniens »... sans vouloir toutefois justifier le châtiment infligé et « approuver les auteurs de ces monstruosités qui déshonorent l'humanité ».

« Quel est donc cet affreux crime ? », se demandera-t-on, « qui valut la perte d'un million d'Arméniens présumés coupables, puisqu'on ne peut châtier quelqu'un qui ne s'est rendu passible d'aucune peine ». En réponse à cette question angoissante, nous trouvons cette accusation : « Plusieurs milliers de combattants arméniens ont ouvert les hostilités contre les troupes et les gendarmes turcs à Van, Bitlis, Mouch, Kara-Hissar, Charki-Zéïtoun, Marach, Ourfa. Presque en même temps éclate sur d'autres points du pays une guerre de guérillas, organisée toujours par les comités révolutionnaires en vue d'attaquer les convois militaires et de compromettre gravement la défense nationale » (p. 19). Tout cela n'est pas vrai, nous allons l'établir plus loin.

Mais, supposons une minute que cela soit vrai, c'est-à-dire qu'il se soit trouvé des Arméniens — des révolutionnaires — qui aient pris les armes contre les Turcs avant même que ceux-ci commençassent les massacres. A combien nos adversaires estiment-ils leur nombre? Ils parlent de « plusieurs milliers », donc mois de dix mille, sinon ils auraient employé le terme de « plusieurs dizaines de milliers... ». Or, nous répé-

tons, le « châtiment » s'est étendu *sur un million d'Arméniens* dont le plus grand nombre
étaient des femmes, des enfants et des vieillards,
incapables de prendre les armes. Comment peut-
on concevoir et ordonner le châtiment, l'extermination de toute cette population paisible sous
prétexte que quatre ou cinq mille de leurs concitoyens ont « ouvert les hostilités contre les troupes et les gendarmes turcs » ? Voilà le tragique
de la question que la conscience turque paraît
impuissante à saisir.

Le droit pénal moderne, issu de la Révolution
française, nous enseigne que le châtiment est
essentiellement personnel. Nul autre que le coupable ne doit et ne peut répondre du crime ou du
délit qu'il a commis. C'est là un principe de
bonne justice qui est admis dans tous les pays,
même en Turquie, où cependant, dans la pratique, les innocents payent pour les « coupables ».
Quand la rage de massacre est déchaînée, le seul
fait d'être « Arménien » constitue un crime.
Même l'enfant qui vient de naître n'est pas
épargné. Bien plus ! l'assassin va le chercher
dans le ventre de sa mère pour être plus sûr de
son forfait. Il faut reculer dans les âges les plus
éloignés pour trouver un peuple ayant de pareils
instincts sauvages.

Une chose doit être bien comprise et de nos
ennemis et de l'opinion publique mondiale : Les

Arméniens ne se sont jamais plaints du sort in-
humain (la pendaison après d'inimaginables sup-
plices) réservé aux révolutionnaires, aux insurgés, à ceux qui étaient pris les armes à la main
ou complotaient vraiment contre le gouvernement turc. Ce qu'ils dénoncent aux hommes de
cœur et reprochent aux Turcs, c'est d'avoir tor-
turé et mis à mort près d'un million d'êtres humains innocents, paisibles et faibles qui ne pouvaient avoir, ni de loin ni de près, ni directement ni indirectement aucun rapport avec le
fameux « complot » que les Turcs « ententophiles », après les Jeunes Turcs germanophiles,
évoquent comme prétexte pour expliquer les
horreurs des Années Terribles. On ne sait vraiment pas ce qu'il faut flétrir le plus dans cette
« explication » ou « justification », l'incons-
cience criminelle ou la bêtise incommensurable
qui s'y étalent. Quand les Turcs de toutes opi-
nions comprendront-ils enfin ? que « rien ne
saurait excuser l'assassinat des Arméniens mobilisés par leurs frères d'armes, ni le massacre
des enfants, des vieillards, ni la conversion
forcée des survivants, ni le pillage organisé,
ni tant d'abominations que la plume se refuse
à décrire et que, pour l'honneur de l'humanité,
on voudrait effacer de l'histoire » (1).

(1) René Pinon, o. ci. p. 61.

LE LOYALISME DES ARMENIENS EST ATTESTE PAR LE GOUVERNEMENT ET LA PRESSE TURCS, AU DEBUT DE LA GUERRE

Plus haut, nous avons supposé que les Arméniens se soient révoltés, et aient ouvert les hostilités contre les Turcs » au début même de la guerre, amenant ainsi le « châtiment » dont parlaient nos contradicteurs. Or, rien n'est plus faux. Les Arméniens sentant le danger, se tinrent bien tranquilles. Ils savaient par une longue expérience que tout mouvement insurrectionnel coûterait la vie à des centaines de milliers des leurs. Naturellement, quand la guerre éclata en 1914, les Arméniens de partout souhaitèrent la victoire des Alliés. Leurs sympathies allaient à la France éternelle, à l'Angleterre vénérée et à la Russie protectrice des chrétiens de Turquie (1). Ces sympathies subsistèrent après l'entrée en guerre de l'Empire ottoman aux côtés des puissances centrales et se traduisirent par des milliers d'engagements volontaires dans les armées françaises et russes.

Mais en tant que citoyens ottomans, ils se con-

___

(1) Cette tendance des Arméniens était ainsi relevée par un journal humoristique turc, *Kara-Gheuz* : « La figure des Arméniens est le baromètre de la situation. Lorsqu'elle est radieuse, c'est que les affaires des alliés vont bien ; lorsqu'elle est assombrie, c'est qu'elles vont mal ».

formèrent aux obligations militaires du pays. Les chefs ecclésiastiques et les chefs politiques conseillèrent la fidélité envers le gouvernement turc.

La correction de cette attitude fut reconnue publiquement par le gouvernement et par la presse turcs qui ne tarissaient pas d'éloges pour le loyalisme arménien. Une dépêche d'Enver Pacha, ministre de la Guerre et généralissime, en date du 26 janvier 1915 et adressée à l'évêque arménien de Konia, se terminait par cette phrase : « Je vous prie de présenter à la nation arménienne, dont le complet dévouement à l'égard du gouvernement impérial est connu, l'expression de ma satisfaction et de ma reconnaissance (1). »

Cette première attitude du gouvernement turc avait pour but d'endormir les Arméniens et ne pas laisser prévoir le monstrueux plan d'extermination qu'il avait élaboré de longue date, et dont il avait étudié minutieusement les détails.

LA DECLARATION ALLIEE DE LONDRES ET LES DENEGATIONS TURQUES

Dans l'esprit du gouvernement turc le crime devait être accompli à l'insu du monde civilisé. Il espérait qu'à la faveur de l'isolement de la

(1) Lepsius, o. c.. p. 185.

Turquie par suite de la guerre, il pouvait exécuter son plan sans que le monde extérieur en-
tende les gémissements des victimes. Mais,
grâce aux missionnaires américains et aux citoyens neutres, au printemps de l'année 1915,
les nouvelles des massacres filtrèrent à travers
les murailles de Chine de la Turquie et parvin-
rent aux chancelleries alliées ; l'opinion publique
mondiale en fut saisie et émue. Alors, la France,
la Grande-Bretagne et la Russie se mirent d'accord pour publier la déclaration suivante :

« Depuis un mois environ la population kurde
« et turque d'Arménie procède, de connivence et
« souvent avec l'appui des autorités ottomanes,
« au massacre des Arméniens. De tels massacres
« ont lieu vers la mi-avril à Erzeroum, Ter-
« tchan, Eguine, Bitlis, Mouch, Sassoun, Zéï-
« toun et dans toute la Cilicie. Les habitants
« d'une centaine de villages des environs de Van
« ont été assassinés et le quartier arménien est as-
« siégé par les populations kurdes. En même
« temps, à Constantinople, le gouvernement
« ottoman a sévi contre la population inoffen-
« sive. En présence de ces nouveaux crimes de
« la Turquie contre l'humanité et la civilisation,
« les gouvernements alliés font savoir publique-
« ment à la Sublime Porte qu'ils tiendront per-
« sonnellement responsables des dits crimes tous
« les membres du gouvernement ottoman, ainsi

« que ceux de ses agents qui se trouveraient im-
« pliqués dans de pareils massacres. »

« Londres, le 23 mai 1915. »

Que fut la réponse turque à cette déclaration
accusatrice ? Invoqua-t-elle le fameux « complot
arménien » pour justifier sa conduite ? Non, le
gouvernement turc nia simplement les faits.
Voici en quels termes :

« Le Gouvernement impérial dément toutes les
allégations et accusations contenues dans la
note citée plus haut. *Aucun massacre d'Arméniens n'a eu lieu dans les limites de l'Empire
Ottoman.* Pour rétablir la vérité sur les événements, les déclarations suivantes sont faites :

« A Erzeroum, Terdjan, Eghine, Sassoun,
Bitlis, Mouch et en Cilicie, *les Arméniens n'ayant
rien fait pour porter atteinte à la tranquillité publique*, les fonctionnaires de l'Etat ne se sont pas
vus dans la nécessité de prendre des mesures
contre eux. Les Consuls des pays neutres en sont
témoins. *Les accusations des Puissances de l'Entente ne sont que des calomnies gratuites.*
(*Livre rouge turc*, 1916, pp. 239-240.)

Cette déclaration porte la date du 4 juin
1915.

De son côté, Zia bey, consul général de Turquie à Genève, par ordre de Constantinople, dé-
mentait catégoriquement les nouvelles des massacres arméniens qui commençaient à faire le

tour du monde. Dans un communiqué à la presse, en date du 25 août 1915, il affirmait : « Il n'y a pas eu de massacres d'Arméniens. Toute la population arménienne, hommes, femmes et enfants, jouissent de la sécurité la plus complète. » Tandis qu'en Amérique, le comte Bernstorff, ambassadeur d'Allemagne, pour calmer les esprits américains, mentait de même en affirmant que « les prétendues atrocités commises dans l'Empire ottoman paraissent être de pures inventions ».

Donc, jusqu'au mois de septembre 1915, *alors que les massacres avaient commencé au mois d'avril*, le gouvernement turc, ses agents à l'étranger, et les diplomates allemands, ses complices, opposaient des démentis successifs aux accusations de massacres portées contre les dirigeants de Constantinople.

C'est après coup seulement, quand l'expérience de cinq mois leur apprit l'impossibilité de tenir cachées des atrocités sur une si grande échelle, que les Turcs inventèrent la fable de l'insurrection arménienne. En ceci encore, ils imitèrent l'exemple de l'Allemagne qui, ayant violé la neutralité perpétuelle de la Belgique, forgea de toute pièce des « preuves » pour justifier son abominable conduite. Tel maître, tels élèves.

LES ETAPES DU CRIME

Pour mieux faire ressortir les responsabilités des massacres, mentionnons brièvement les étapes du crime.

L'accord russo-turc du 8 février 1914 sur les réformes arméniennes, accord qui avait mis le comble à la fureur des Turcs contre les Arméniens, ne fut jamais mis en exécution. Les deux inspecteurs généraux, MM. Hoff et Westendock, n'eurent point à exercer leur haute fonction ; le gouvernement ottoman, profitant du bouleversement européen, écarta avec une joie non dissimulée l'œuvre de réformes.

Pourtant la Turquie n'était pas encore entrée en guerre. Elle s'y préparait fiévreusement et songeait à prendre sa revanche — et quelle terrible revanche ! — sur les Arméniens qui lui avaient fait imposer le contrôle européen.

Déjà, après le désastre des guerres balkaniques, « l'Union et Progrès » avait fait déverser sur l'Arménie une foule de fonctionnaires militaires, civils et des gendarmes. La III° armée fut constituée avec les 9°, 10° et 11° corps, ayant sa base à Erzeroum. Un cercle de fer entourait l'Arménie.

Le 3 août, la mobilisation générale est décrétée par un iradé impérial. D'après la loi, les chrétiens âgés de vingt à trente-cinq ans seulement devaient être appelés sous les drapeaux ; le gouvernement donna ordre de mobiliser les Arméniens de vingt à quarante-cinq ans. On voit là son intention criminelle de priver la nation de son élément le plus vigoureux pour l'exterminer plus tard sans résistance.

A la protestation des Alliés que cette mobilisation inquiétait, la Porte répond que la Turquie est décidée de garder la neutralité et que sa mobilisation n'est qu'une mesure de précaution.

Le 8 août, les croiseurs allemands *Gœben* et *Breslau*, pourchassés par les escadres anglo-françaises, entraient dans les Détroits pilotés par un torpilleur turc, au mépris du traité de Londres du 13 mars 1871.

Nouvelles protestations alliées ; nouvelles promesses de la Turquie de maintenir intacte sa neutralité.

Le 23 août, pour démentir les bruits mis en circulation, l'ambassadeur de Russie à Constantinople déclare dans une note remise à la Sublime Porte : « L'Angleterre est prête à donner conjointement avec nous et avec la France, une garantie écrite que l'intégrité et l'indépendance de la Turquie seront respectées par les trois puissances, et que dans le Traité de Paix il n'y aura pas de conditions contredisant à cela. »

7

Le 9 septembre, la Turquie y répond par une grave provocation : l'abrogation pure et simple des Capitulations. En temps ordinaire, cet acte unilatéral constituerait un *casus belli* ; mais les Alliés se contentèrent d'une représentation énergique.

Le 15 septembre, l'amiral allemand Souchon est nommé au commandement de la flotte turque. L'Entente patientait toujours. Pour mettre le feu aux poudres, Enver Pacha fait attaquer, le 29 octobre, les ports russes de la Mer Noire, Théodosia et Novoressisk. Les ambassadeurs de France, d'Angleterre et de Russie, après avoir tenté une dernière démarche de conciliation qui resta sans résultat, quittèrent la capitale turque le 31 octobre 1914, ayant acquis la certitude que la Turquie voulait à tout prix la guerre. C'était là un crime à l'égard des Alliés qui menaient en Occident une guerre formidable contre l'Allemagne et son brillant second, l'Autriche-Hongrie. Mais, d'après ce qui précède, il est évident que ce crime était prémédité et voulu de longue date (1).

_____

(1) Dans le livre que Karl Kautsky a fait paraître sur *Les Origines de la Guerre*, il y a le texte du traité d'alliance signé à Constantinople le 2 août 1914 entre le baron de Wangenheim, ambassadeur allemand et le Grand-Vizir Saïd-Halim pacha. D'après *Les Débats* (27 décembre 1919), « ce traité avait été préparé sans nul doute à loisir au cours des semaines précédentes. » La préméditation est une fois de plus évidente.

LA PRÉMEDITATION

Nous en avons une preuve irréfutable dans les faits suivants :

a) Les chefs de « l'Union et Progrès » cherchaient à avoir le concours des Arméniens dans la guerre qu'ils allaient déclancher contre la Russie et ses alliés. En effet, au mois d'août, les Jeunes-Turcs proposaient aux Tachnagtzagans, réunis en Congrès à Erzeroum, l'autonomie de l'Arménie si les Arméniens se révoltaient contre la Russie. Ils avaient, paraît-il, l'assurance que les Tartares, les Géorgiens et les Montagnards du Caucase auraient levé simultanément l'étendard de la révolte. La réponse arménienne fut un refus catégorique. Ils ne pouvaient pas s'engager pour leurs compatriotes du Caucase, sujets russes. Ils conseillèrent aux Turcs de rester neutres, s'ils ne voulaient pas se suicider ;

b) Dès le printemps de 1914, le prince adjara Abachitzé et ses acolytes s'étaient entendus avec l'Allemagne et la Turquie pour lever une division de 4.000 soldats sous la conduite des officiers instructeurs allemands et turcs ;

c) Eumer Nadji et le docteur Béhaéddine-Chakir, tous deux membres influents de « l'Union et Progrès », arrivaient à Erzeroum à la mi-août avec de nombreux propagandistes persans, kur-

des, tartares, tcherkesses, tchétchés... dans le
dessein de fomenter des révoltes au Caucase, en Perse et au Turkestan et même aux Indes.
D'autres émissaires étaient dépêchés en Syrie
pour « travailler » l'Egypte, la Tripolitaine, la
Tunisie et le Maroc, préparant ainsi le terrain
pour la « guerre sainte ».

« LA GUERRE SAINTE »

En effet, quelques jours seulement après l'ou-
verture des hostilités, le 15 novembre, le fetva
historique sur la guerre sainte fut lu à la mosquée Fatih. Rédigé sous forme de demandes
adressées par le Sultan au Cheikh-ul-Islam, il
débute ainsi :

« Lorsque plusieurs ennemis s'unissent contre
« l'Islam, lorsque les pays de l'Islam sont pillés,
« la population musulmane opprimée et empri-
« sonnée, lorsque dans ces circonstances le Kha-
« lifat de l'Islam proclame la guerre sainte
« selon les saintes prescriptions du Coran, la
« guerre n'est-elle pas le devoir de tous les
« musulmans, jeunes ou vieux, fantassins ou
« cavaliers, et tous les pays de l'Islam ne doivent-
« ils pas être animés du désir de mener la guerre
« pour la foi ?

« Réponse : oui.

« Les sujets musulmans de la Russie, de la

« France, de l'Angleterre et des pays qui les sou-
« tiennent, ne doivent-ils aussi mener la guerre
« sainte contre les gouvernements dont ils dé-
« pendent ?

« Répnse : oui » (1).

Les Turcs ne se contentèrent pas de ce fetva.
M. René Pinon nous apprend qu'à cette occasion
une brochure fut imprimée en arabe et distri-
buée dans tout l'Islam. Il y est dit : « L'extermination des misérables (chrétiens) qui nous
oppriment est une tâche sainte, qu'elle soit
accomplie secrètement ou ouvertement, suivant
la parole du Coran : « Prenez-les et tuez-les où
« que vous les trouviez, nous vous les livrons et
« nous vous donnons sur eux pouvoir en-
« tier » (2).

On sait le lamentable échec de cette proclamation auprès des populations musulmanes des
possessions françaises, anglaises et russes ; les
indigènes firent loyalement leur devoir envers
leur métropole; par contre, il est facile de s'ima-
giner la grande influence qu'elle exerça sur les
masses turques, dans les limites de l'empire ottoman, où vivaient des peuples chrétiens. Faute
de « giaours » étrangers, on tenait les Armé-

---

(1) *Les cahiers de la Guerre*, « Le suicide de la Turquie »,
p. 348.

(2) *Revue des Deux-Mondes*, 1ᵉʳ septembre 1919, p. 134.

niens, les Grecs, les Libanais, les Syriens, les Chaldéens, les Nestoriens... sujets du Sultan.

L'INSURRECTION ARMENIENNE
EST UN MYTHE

> En avril 1915, le gouvernement a commencé à mettre en exécution un plan systématique, soigneusement préparé pour exterminer la race arménienne.
>
> Herbert Adams GIBBONS.
>
> (*Les derniers massacres d'Arménie.*)

En indiquant les différentes étapes du crime prémédité, comme nous venons de le faire, nous avons établi la félonie et la fourberie des Turcs et leur volonté bien arrêtée de mener une guerre impitoyable contre les Alliés et les Arméniens, coupables de ne pas se plier à leur volonté. D'autre part, nous avons vu que nos ennemis étaient tellement honteux de leur carnage qu'ils le niaient jusqu'au mois de septembre 1915.

Ces faits, ainsi que ceux que nous avons signalés dans les pages précédentes, sont suffisants, pensons-nous, à établir les terribles responsabilités des massacres arméniens de ces quatre dernières années. Mais, fidèle à notre méthode de discussion, examinons non la *valeur* de l'argument de « l'insurrection arménienne », mais sa *véracité;* car, nous l'avons dit, même s'il était prouvé que quatre ou cinq mille Arméniens aient pris les armes contre les troupes et gendarmes turcs, cela ne constituerait pas même une circonstance atténuante en faveur des auteurs du crime de lèse-humanité, dont le nombre des victimes dépasse le million.

La tâche est extrêmement facile : pour faire ressortir tout le néant de l'argument, il nous suffit de rapprocher quelques dates et de confronter les événements.

Les Turcs oublient d'indiquer les dates auxquelles eurent lieu les tentatives de résistance de Van, de Chabin-Karahissar, etc., qui auraient donné lieu au « châtiment ». En toute logique, *la révolte doit avoir été antérieure au châtiment, comme la cause l'est par rapport à l'effet.* Or, les événements de Van furent suscités par la conduite farouchement arménophobe de Djevdet bey, vali du vilayet et beau-frère d'Enver Pacha. Le 16 avril, il fit assassiner les chefs arméniens. Le 20 avril, deux soldats arméniens furent tués dans les rues de Van en voulant aller au secours d'une femme arménienne violentée par des soldats turcs. *Ce même jour, les troupes turques ouvrirent le feu contre les quartiers arméniens,* dont le siège commença. Les Arméniens se défendirent héroïquement. Les notables turcs de la ville signèrent une protestation contre le traitement qu'on infligeait à leurs voisins arméniens, mais le sanguinaire vali ne voulut rien entendre et continua la guerre aux Arméniens. Ceux-ci tinrent tête pendant vingt-sept jours aux attaques furibondes des troupes turques assiégeantes, au nombre de plus de 5.000 et munies de canons. Les défenseurs arméniens étaient à peine 1.500 fusiliers ne disposant que de moyens de fortune et ayant à charge une population civile de 30.000 âmes. La résistance fut couronnée de succès par l'entrée des troupes russes et des volontaires arméniens à Van, le 3 mai 1915. Les Turcs se vengèrent de leur défaite en bombardant, avant leur fuite, les bâtiments affectés à la Croix-Rouge.

Voilà en quoi consista la révolte de Van.

Quant à la révolte de Chabin-Karahissar, voici les faits.

Au milieu du mois d'avril, tous les Arméniens des villages étaient désarmés et les habitants de l'un d'eux (Pourk) avaient été massacrés. Les chabin-karahissariotes étaient au courant du sort des déportés passés par Erzingian. Aussi, quand le gouvernement, *vers le 10 juin*, voulut procéder à la déportation des Arméniens, ceux-ci, instruits des précédents, refusèrent de se conformer aux ordres turcs et se retranchèrent dans la citadelle. Leur héroïque résistance fut noyée dans le sang après quelques semaines de combat. Donc, les événements de Chabin-Karahissar (10 juin) sont postérieurs aux massacres et aux déportations.

A Ourfa, l'ordre de la déportation n'arriva que vers *la fin de septembre*, c'est-à-dire après que les massacres de la Grande Arménie et de Trébizonde ont eu lieu. Dès lors, la désobéissance à l'ordre de déportation et l'admirable résistance des Arméniens d'Ourfa, ne pouvaient avoir aucune influence sur la suite des événements.

A Zéïtoun, contrairement à ce que prétendent nos contradicteurs, il n'y eut point de résistance armée. Le seul fait insurrectionnel consiste dans le refus de quelques mobilisables arméniens de répondre à l'appel de la mobilisation générale. Le gouvernement central trouva là un prétexte admirable afin d'appliquer *pour la première fois* son plan de déportation générale. Les courageux habitants du fier et indomptable Zéïtoun furent donc déportés les premiers, le 8 avril 1915. Ils n'opposèrent aucune résistance, bien qu'ils en eussent été capables, parce qu'on leur avait dit que la moindre résistance de leur part se traduirait par l'extermination impitoyable des Arméniens d'autres régions.

Pour ce qui concerne des révoltes de Mouch et de Bitlis, nous pouvons affirmer qu'elles n'existent que dans l'imagination féconde de nos ennemis. De même que les « guerres de guérillas », soi-disant organisées par les Comités révolutionnaires, ne sont qu'invention de gens à court d'arguments.

Or, comme nous venons de voir, *la première mesure de déportation fut appliquée à Zéïtoun, le 8 avril, tandis que la résistance armée de la part des Arméniens ne remonte à Van qu'à la seconde moitié d'avril ; à Chabin-Karahissar, en septembre seulement.* Le décret de déportation générale avait paru le 2 juin 1915, mais déjà à Constantinople, dans la nuit du 24 au 25 avril, 235 intellectuels arméniens avaient été arrêtés et exilés — c'est une manière de parler — à l'intérieur.

Tout cela démontre que *le terrible « châtiment » a précédé le « crime » arménien.* Dès lors, toute l'accusation tombe dans le néant et il apparaît clair comme le jour que, « sous prétexte de transférer les Arméniens en Mésopotamie, on les a méthodiquement et sauvagement exterminés. Il s'agissait d'anéantir toute la race arménienne de Turquie ». (*Le Temps* du 28 février 1919.)

LES MASSACRES DES AUTRES ELEMENTS NON-TURCS

La défense turque exploite habilement l'existence des révolutionnaires arméniens pour justifier les massacres arméniens. Nous avons vu la puérilité de leur argumentation. Si tant est qu'il faut encore des preuves plus convaincantes des responsabilités accablantes qui pèsent sur le gouvernement turc et ses agents, nous pourrions attirer l'attention du lecteur sur les massacres des Grecs, des Nestoriens, des Maronites, des Syriens, des Arabes... Tous ces peuples aussi ont, bien que moins, souffert pendant cette guerre. Comment les Turcs expliquent-ils les atrocités qu'ils ont commises sur eux ? Il est curieux de connaître leur système de défense. Mais ils se taisent. Parce que ces peuples, pour la plupart, n'ayant pas de comités révolutionnaires, les Turcs ne pouvaient pas les charger de la responsabilité des massacres.

Pourtant, dès janvier 1915, *avant même les massacres arméniens, sans la moindre provocation de leur part, les Nestoriens des dix-huit villages des districts de Barandouz et de trente-trois villages d'autres régions ont été passés au fil de l'épée par la soldatesque turque et les hordes kurdes, et leurs habitations mis à feu et à sac.*

Même politique d'extermination envers les **Libanais.** Dès les premiers coups de canon, les Jeunes-Turcs abolirent l'autonomie du Liban et procédèrent, vers le mois de mars 1916, à l'extermination des Libanais.

Cette extermination ne fut pas exécutée par les moyens violents de massacres ou de déporta-

tion, mais par la famine organisée savamment.
« Depuis bientôt quatre mois », écrit le correspondant du Caire du journal *le Temps* (le 27 juin
1916), « les Turcs ont entrepris les massacres en
masse des populations du Liban. Se rendant
compte des difficultés du système appliqué pour
l'extermination des Arméniens, et manquant sur
place de la collaboration qu'ils trouvent ailleurs
chez les Kurdes, ils ont bloqué la montagne, comme une ville assiégée, arrêté tout ravitaillement,
coupé toute relation, et la famine a fait son œuvre
De plus, sous prétexte de venir en aide aux malheureux affamés, l'administration turque distri-
bua à la population du pain fait de sciure de
bois et de vesces noires. L'effet en fut effrayant,
et les cadavres s'entassèrent sur les places publi-
ques et dans les maisons. »

Conclusion : 100.000 victimes, rien que pour
le Liban chrétien.

Les *Syriens* n'ont pas été mieux traités. Des
instruments de mort se dressèrent à Beyrouth et
à Damas et arrachèrent la vie à l'élite syrienne,
accusée de haute trahison envers l'Etat turc ;
des milliers d'autres furent déportés dans le
désert.

Quand l'*Arabie* se révolta, le 10 juin 1916,
Hussëïn Ben Ali, le chérif de la Mecque, fit une
proclamation, où il formulait les griefs des
Arabes contre les Jeunes-Turcs. Dans une se-

conde proclamation, l'émir déclare que « la cause unique de l'effondrement de l'Empire ottoman et l'extermination de ses populations, c'est l'aveugle tyrannie des chefs de la faction unioniste... Ajoutez à cela toutes les horreurs qui s'amoncellement au point d'obscurcir la lumière du soleil. Nous signalons spécialement à la réprobation du monde les atrocités commises sur les Grecs et sur les Arméniens, atrocités que notre sainte loi ne peut que réprouver. Puis ce sont les populations arabes en Syrie, en Mésopotamie et ailleurs, les horreurs commises dans les environs de la lumineuse Médine, sur la population d'Aïvali, les matrones arabes enlevées et traînées dans les casernes, défi sanglant à la loi de l'Islam et à la fierté arabe ! » (Le *Temps* du 12 novembre 1916.)

Les *Grecs* aussi furent persécutés durement pendant ces quatre dernières années. Les victimes se chiffrent par 300.000 massacrés et 500.000 déportés, comme l'affirme le memorandum que M. Vénizélos présenta à la Conférence de la Paix.

Les massacres n'étaient donc pas un fait particulier aux Arméniens, mais à tous les éléments allogènes ; ils constituent l'application d'un système politique, tracé dès l'année 1911. A cette date, les Jeunes-Turcs tinrent un congrès à Salonique, où ils votèrent, entre autres, une résolu-

tion contre les éléments non-turcs de l'Empire.
« La Turquie doit devenir un pays essentiellement musulman, y est-il dit ; les idées et l'influence musulmanes doivent y avoir la prépondérance. Toute autre propagande religieuse doit
être réprimée. (Oh ! la fameuse tolérance turque !) L'existence de l'Empire dépend de la force
du parti jeune-turc et de la répression de toutes
les idées antagonistes ». Si les Arméniens ont à
déplorer les plus grandes pertes, c'est qu'ils pro-
fessaient les idées les plus « antagonistes » ; les
Jeunes-Turcs constatent le fait dans leur rapport
pour l'année 1916, en parlant de l'acte de réformes du 8 février 1914.

D'ailleurs, le programme panislamiste et pan-
turciste ne se contentait pas de la suppression
des Arméniens, Grecs, Syriens, Libanais, Nestoriens, Chaldéens, Juifs, Arabes, mais encore il
prévoyait la chasse aux Européens habitant la
Turquie. L'abolition des Capitulations était le
premier pas vers ce but. Si nous croyons
M. Harry Stuermer, dont nous avons déjà cité
l'excellent livre intitulé : Deux ans de guerre à
Constantinople, les Allemands eux-mêmes ne
trouvaient pas grâce devant cette xénophobie
féroce.

L'AVEU : LA PREUVE PAR EXCELLENCE

Le lecteur nous saura gré du souci que nous avons apporté jusqu'ici à accumuler les faits et les preuves afin de réfuter la thèse de nos adversaires et faire jaillir en pleine lumière l'écrasante culpabilité turque dans les massacres arméniens. Nos preuves ne constituent pas de vagues présomptions ; mais pour confondre définitivement les auteurs de *Les Turcs et les revendications arméniennes*, nous reproduirons une déclaration de Talaat Pacha, le principal coupable, au correspondant à Constantinople du journal allemand *Berliner Tageblatt* (4 mai 1916), déclaration reproduite par la presse alliée. Elle est singulièrement instructive.

« C'était une nécessité militaire, a dit le ministre, d'éloigner les Arméniens de leur pays. *Tandis qu'on les transportait en Mésopotamie, les Arméniens ont été attaqués par les Turcs et tués en partie.* En mars 1915, au moment des combats des Dardanelles, il devint nécessaire d'éloigner les Arméniens de Constantinople et des environs. Le gouvernement ordonna de les transporter à Zor. *Malheureusement, de mauvais fonctionnaires, chargés d'exécuter ces mesures, ont commis de graves excès.* » Ici, Talaat s'arrêta, passa la main sur ses yeux comme s'il voulait chasser une vision mauvaise, et il continua : « Nous ne sommes pas des barbares, les comptes rendus sur ces tristes événements m'ont fait passer plus d'une nuit sans sommeil ». Et à la question du correspondant : « Mais pourquoi n'avez-vous pas épargné les petits enfants ? », Talaat répondit : « Parce que les petits en grandissant pouvaient devenir des révolutionnaires. »

Tout l'odieux et le cynisme de ces paroles mis de côté elles constituent l'aveu formel du crime turc. Et en droit pénal, l'aveu est la preuve par excellence. Dès lors, les avocats turcs de Paris perdent vraiment leur temps en plaidant non coupable.

Le Grand Bourreau Talaat, pour se disculper, s'est abaissé jusqu'à accuser lâchement ses subordonnés, « les mauvais fonctionnaires », d'avoir commis des « excès ». C'est à pure perte qu'il a versé des larmes de crocodile : il a été reconnu, et sera reconnu toujours, comme l'âme damnée des persécuteurs de nos compatriotes (1). C'est lui qui se vantait d'avoir fait subir aux Arméniens un sort si cruel qu'il leur enlèverait toute idée d'autonomie pour au moins cinquante ans.

(1) M. Lepsius écrit : « Dès le 21 avril (1915), l'extermination du peuple arménien était décidée. Le grand vizir Saïd-Halim pacha, le Président de la Chambre Halil bey et le Chéikh-ul-Islam étaient contraires à la déportation. Mais comme Talaat bey mit son influence toute puissante à faire adopter la mesure d'extermination, la décision fut prise ». (o. c. p. 261.)

LA PREUVE PAR ECRIT : DEUX DOCUMENTS

Les prétendus « mauvais fonctionnaires » ne furent, hélas ! que de « bons fonctionnaires », qui exécutèrent ponctuellement les ordres du gouvernement central, représenté par son ministre de l'intérieur, Talaat lui-même.

A cet égard, nous pouvons reproduire deux documents de la plus haute importance, dont nous possédons l'original. Il s'agit de deux dépêches secrètes adressées par le Grand Bourreau, au vali d'Alep et tombées aux mains des Arméniens, après la prise de la ville par les troupes alliées (1).

La première est datée du 18 novembre 1915. En voici la traduction littérale :

« On voit par l'intervention récente de l'am-
« bassade américaine de Constantinople sur
« l'ordre de son gouvernement, qu'en certaines
« localités, les consuls américains, par des
« moyens secrets, se procurent des renseigne-
« ments. Bien qu'on ait répondu que la dépor-
« tation des Arméniens s'effectue en toute sécu-
« rité et tranquillité, cela ne suffit pas pour les
« convaincre, *tâchez donc de faire le pos-*
« *sible pour qu'au moment où les Arméniens*

---

(1) C'est à l'excellent écrivain arménien Aram Andonian, déporté lui-même, que nous devons ces documents. Ils vont paraître dans un livre émouvant où l'auteur a accumulé les preuves irrécusables du crime turc.

8

« des villes, des districts et des centres seront en
« route, il ne se produise pas des événements
« attirant l'attention. Il importe, au point de vue
« de notre politique actuelle, que les étrangers
« qui parcourent ces parages soient persuadés
« que la déportation des Arméniens se fait réel-
« lement dans un but de transfert. Il importe
« que momentanément on montre à leur égard
« une conduite prévoyante et que les moyens
« connus (les massacres) ne soient appliqués
« qu'en des endroits plus propices. Quant à ceux
« qui donnent des renseignements à ce sujet,
« je vous recommande instamment de les faire
« arrêter et traduire devant le conseil de
« guerre. »

Le Ministre de l'Intérieur,

Signé : TALAAT.

La seconde dépêche porte le numéro 630 et la
date du 12 décembre 1915. Elle est conçue dans
ces termes :

« Recueillez et élevez ceux seuls des orphelins
« des personnes connues (Arméniens) qui ne
peuvent se souvenir du désastre auquel leurs parents sont exposés. Les autres, mettez-les dans
les convois de déportés » (c'est-à-dire dans les
convois de mort).

Signé : TALAAT.

Après l'aveu, ces documents-massues constituent la meilleure preuve écrite du crime, fournie par l'auteur principal des massacres. Aucun doute n'est plus permis quant à la volonté bien arrêtée du gouvernement turc d'exterminer toute la nation arménienne de l'Empire, sans le moindre prétexte offert par les victimes. Les responsabilités sanglantes crèvent les yeux ; il n'y a que les aveugles volontaires pour ne pas voir de quel côté elles se trouvent.

LES MASSACRES ET LE PEUPLE TURC

Après tout, nous dira-t-on, vous venez d'établir la responsabilité incontestable du gouvernement central, lequel se trouvait entre les mains des Jeunes-Turcs. Mais le peuple turc n'a pas du sang aux mains, il ne faut pas le confondre avec le gouvernement. C'est ce raisonnement que nous opposent les auteurs de la brochure : *Les Turcs et les revendications arméniennes*.

Voici notre réponse.

Il faut d'abord faire une précision capitale. Quand on dit le *peuple* turc, il ne faut pas entendre que ce terme équivaut en France, par exemple, à celui de « le peuple français », qui est maître de ses destinées et possède une volonté agissante capable de s'imposer au gouvernement. En Turquie, cette volonté populaire agissante

n'existe point : *là on n'a aucune idée de l'opinion publique.* Les journaux turcs n'atteignent
pas les masses musulmanes pour la raison bien
simple que 90 % des gens ne savent ni lire ni
écrire. Il ne faut donc pas s'étonner si l'esprit
des Turcs n'est pas formé aux questions politiques et sociales. Une chose lui est familière : le
massacre des chrétiens, lorsque celui-ci est dé-
crété par ordre supérieur. Il sait par une longue
habitude que cela entre dans le système de
l'administration musulmane.

Le seul élément intéressant est sûrement l'élément laborieux de l'Anatolie, mais qui ne
compte pas dans la vie publique. La force musulmane réelle est constituée par « la populace
turque des grandes villes, en comparaison de
laquelle celle de Rome impériale était une assem-
blée de sages et de héros » (1).

Donc, dans nul pays le gouvernement central
n'est obéi comme en Turquie. Cette population
moutonnière mérite bien le gouvernement
qu'elle supporte. Elle se solidarise d'avance avec
tous ses actes, sans les discuter.

Cette précision faite, examinons maintenant la
thèse turque qui charge toutes les responsabilités
— si responsabilités existent, s'entend — sur le

(1) Karl Marx, *Question d'Orient*, recueil d'articles écrits
en 1853, mais la parole citée reste une vérité encore de nos
jours.

dos des Jeunes-Turcs, afin d'innocenter le peuple
turc. Nous avons vu ailleurs que, sans vouloir
« justifier les auteurs des monstruosités », nos
habiles contradicteurs *expliquent les faits d'une
telle façon qu'au bout du raisonnement ils les
justifient, et du même coup ils justifient leurs
auteurs — les Jeunes-Turcs.* Pour arriver à cette
fin, ils emploient des « arguments », des mensonges que les Jeunes-Turcs sortent comme un
« cliché ». C'est dire que les prétendus « anti-
jeunes-turcs » sont mal venus pour attaquer
l' « Union et Progrès ».

Passons.

*
* *

Nous admettons qu'il s'est trouvé quelques
hauts fonctionnaires qui ont refusé d'obéir aux
ordres du pouvoir central prescrivant l'extermination en masse des Arméniens ; il y eut aussi
quelques protestations timides. Mais, par contre,
*nous constatons que l'immense majorité, sinon
la totalité absolue des organes gouvernementaux
et le peuple turc dans son ensemble se sont prê-
tés avec allégresse à l'œuvre de massacre.* Bien
plus, ils ont apporté une telle cruauté dans l'exécution des ordres reçus qu'ils ont augmenté
mille fois les souffrances des victimes.

Nulle part nous n'avons assisté à un sérieux effort de la population turque pour empêcher la
déportation ou le massacre de ses concitoyens

arméniens. Aucun gouvernemnt européen n'aurait pu ordonner la tuerie d'une partie de ses ressortissants sans s'exposer à être renversé du jour au lendemain et à être traduit devant une Haute-Cour. Le « peuple turc » seul est capable de tolérer pareilles atrocités. En Allemagne, il y eut des hommes courageux comme K. Liebknecht, qui se sont dressés contre les crimes de leurs gouvernants ; ils ont affronté les geôles et bravé la mort pour libérer leur conscience. Peut-on citer un seul exemple pareil en Turquie ? Non !

La responsabilité des principaux scélérats Talaat, Enver, Dr Nazim, Béhaéddine-Chakir, Bedri, Djémal... ne saurait, en aucune manière, exclure les ACTES *de la masse turque.* Les responsabilités s'enchaînent et se complètent. Il est plus que ridicule d'attribuer la suppression d'un million d'êtres humains (pour ne parler que des atrocités arméniennes) à quelques hommes ; c'est matériellement impossible et moralement inconcevable.

⁎⁎

Dans le memorandum présenté à la Conférence de la Paix, Férid Pacha, le chef de la délégation turque, après avoir déploré le meurtre d'un grand nombre de ses « co-nationaux chrétiens », ajoute : « La vérité commence depuis

quelque temps à pénétrer dans l'opinion publique européenne. Le grand procès des unionistes, à Constantinople, a montré les responsabilités des chefs du Comité qui tous occupèrent
les plus hautes positions de l'Etat en ce qui concerne la guerre et les événements tragiques de
l'Orient : *c'est la réhabilitation de la nation ottomane.* » (C'est nous qui soulignons.)

Laissons de côté le terme : la « nation ottomane », qui ne veut rien dire. Remarquons simplement que le fameux procès des « Unionistes »
fut une grotesque comédie, laquelle a fait som-
brer les dernières illusions de rares gens qui
croyaient encore à la justice turque. *De tous les
principaux coupables, un seul fut pendu,* Kémal,
le bourreau de Yozgat. L'enterrement de son
cadavre donna lieu à une grande manifestation
« patriotique », avec le concours de 50.000 Turcs.
Aujourd'hui, la cour martiale de Constantinople
juge les témoins arméniens de cette affaire pour
les châtier d'avoir envoyé à la potence par leurs
dépositions, l'immonde massacreur des dizaines
de mille femmes et enfants arméniens. Un pareil
fait montre sous son véritable jour l'âme barbare de ce peuple, qui honore la triste mémoire
d'un vil malfaiteur à l'égal d'un héros national.

Contre cette parodie de justice, une voix
turque s'est élevée ; *l'Alemdar* du 18 juillet
écrit : « Ainsi donc, il n'y aura qu'une seule

condamnation à mort, Kémal, pour tant de victimes dont le sang crie vengeance ! Les crimes
politiques, les trahisons intérieures, le brigan-
dage et le banditisme, les massacres, les incen-
dies, toute la honte indélibile qui s'attache à un
Etat de six siècles peut-elle être effacée par la
pendaison d'un seul homme ? » Le mémoire turc
ne pouvait pas choisir un plus mauvais exemple
pour supplier la mansuétude des alliés en leur
voulant faire croire que la Turquie s'est ressaisie
et a vomi de son sein les éléments néfastes et criminels.

La Bulgarie a emprisonné plus de 200 digni-
taires qui ont poussé à la guerre ; les Allemands
ont institué une Haute-Cour pour en rechercher
les responsabilités ; les Turcs, sauf le cas unique
de la pendaison de Kémal, ont emprisonné et
condamné à mort par contumace quelques chefs
jeunes turcs pour les grâcier ensuite. Où est la
publication des documents qui prouveraient la
félonie et la barbarie des dirigeants « unionistes » ? En vérité, tous ceux qui passent par la
Sublime-Porte sont solidaires entre eux.

Du temps d'Abdul-Hamid, on nous affirmait
que c'était le fanatisme des Vieux-Turcs qui pro-
voquait les massacres des chrétiens ; aujourd'hui
ce sont les Jeunes-Turcs qui sont accusés du
même crime. Mais le malheur est que, après
comme avant l'armistice, c'est-à-dire après la

fuite des principaux coupables, les atrocités n'ont pas cessé d'avoir lieu. Que faut-il en conclure ? C'est que la masse turque est imprégnée dans ses profondes couches des idées panislamistes et panturcistes pour la réalisation desquelles elle ne connaît qu'un moyen : suppression des autres races.

D'ailleurs «l'Union et Progrès» recrute ses adhérents parmi l'élément le plus agissant et le plus vivace du peuple turc. Elle constitue encore l'unique force politique qui compte. Le mouvement nationaliste de Moustafa Kémal l'a prouvé. Tous les gouvernements qui se sont succédés après l'armistice ont dû ménager les Jeunes-Turcs.

Oui, de toutes ces atrocités les Turcs sont pleinement responsables ; « ils le sont dans leur ensemble, et non pas seulement dans leur gouvernement. » (René Pinon, *Revue des Deux-Mondes*, 1er septembre 1919, p. 136.)

L'IMPOSSIBLE CONCITOYENNETE

> « Seule une paix entre égaux
> peut durer, seule une paix dont
> les principes mêmes soient l'éga-
> lité et une participation à un bé-
> néfice commun. Un juste état
> d'esprit, un juste sentiment entre
> les nations sont aussi nécessaires
> pour une paix durable que l'est le
> juste règlement des questions
> de territoires ou de races et de na-
> tionalités. »
>
> M. WILSON.
> (*le 22 janvier* 1917.)

Est-ce à dire que nous considérons tous les Turcs comme des criminels ? Non ! L'excès de nos souffrances ne nous rend pas injustes à ce point. Personne ne réclame le châtiment des Turcs en attentant à leur existence et à leur liberté nationales. Pareille idée n'a point hanté le cerveau d'aucun Arménien. Si nous avons souligné la lourde part que le peuple turc a dans les responsabilités des massacres arméniens, c'est pour mieux faire ressortir l'impossibilité absolue de laisser attachées les destinées des deux peuples à un même Etat. Après notre désastre national, l'idée même de replacer les Arméniens sous la domination turque est une monstruosité. Désormais il doit être évident pour tout homme qu'il existe une incompatabilité radicale entre Arméniens et Turcs.

Tout en étant loin de croire à la haine éternelle

des peuples, nous pouvons affirmer, avec quelque apparence de vérité, que le fossé sanglant qui sépare l'Arménien du Turc, ne pourra être franchi qu'à la condition que l'Arménie soit indépendante, que les Améniens soient mis sur un pied d'égalité avec les Turcs et non dans la position actuelle de vassaux ou de *rayas*. La fin des luttes séculaires et le commencement d'une entente loyale ne peuvent être obtenus que par la reconnaissance de cette vérité primordiale.

L'histoire nous enseigne que l'Italie a été l'alliée de l'Autriche peu de temps après avoir été délivrée de son joug.

Nous n'allons pas jusque-là, car les deux cas n'ont qu'un rapport éloigné entre eux. Ceux qui prêchent déjà l'oubli du passé affreux et se font les conciliateurs bénévoles entre les deux éléments ennemis, perdent leur temps. Il aurait fallu pour cela que la nation arménienne n'ait ni cœur ni cerveau. Le lien sinistre qui nous attachait par force à la galère turque est déjà rompu par le yatagan; il s'agit de le consacrer par un acte international. Enfin libérés, nous formons le rêve sublime de vivre notre vie nationale sur la terre de nos aïeux. Nous voulons avoir notre place sous le soleil. Est-ce là un rêve audacieux? Et sa réalisation nuit-elle aux droits de la Turquie? Nullement. Nous réclamons strictement ce qui nous est dû. La longue captivité de l'Arménie ne peut prescrire ses droits et ses titres à l'indépendance.

Cela ne constitue pas encore la sanction des crimes turcs. En dehors même des massacres, les Arméniens, à l'égal d'autres peuples opprimés, auraient pu revendiquer pour eux le principe qui proclame « le droit des peuples de disposer d'eux-mêmes ». Le martyre de notre nation a sanctifié ce principe. Et si la Justice, la Vérité, le Droit ne sont pas de vains mots, si les Alliés restent fidèles aux déclarations qu'ils ont faites pendant la guerre, demain le Traité de Paix avec la Turquie créera l'Arménie unie et indépendante. Alors, sur les ruines encore fumantes, nous rebâtirons notre belle patrie, après avoir balayé les cendres qui la couvrent et enterré les ossements qui la jonchent.

Les Turcs qui s'y trouveront seront traités avec équité et tous leurs droits seront respectés. Notre idéal sera de créer, à côté de la Turquie barbare, une République démocratique rayonnante de civilisation et de bien-être, qui poussera irrésistiblement nos voisins mahométans vers une humanité meilleure. Et ce sera là notre suprême vengeance !

SANCTIONS

> Chargés (les hommes politiques) de reconstruire le monde politique et non de meubler des musées, ils doivent mettre hors d'état de nuire un gouvernement qui est le type des mauvais gouvernements. Il leur faut refouler la barbarie. Ils ont également mission de punir les ministres qui non seulement ont lié partie avec l'Allemagne, mais ont donné et fait exécuter l'ordre de supprimer les Arméniens.
>
> Auguste GAUVIN.

Les victimes ont tout de même droit de réclamer des sanctions pour les crimes commis. Il faudrait brûler tous les codes pénaux si les auteurs responsables des massacres arméniens ne trouvaient pas le châtiment qu'ils ont mérité. Hélas ! il est impossible de rendre la vie aux morts ; et la Turquie déconfite n'est pas prête à payer les pertes matérielles de toutes sortes. Il n'y a aucune réparation pour ces dommages-là.

Le Traité de Versailles, par une clause spéciale, prévoit la mise en jugement devant un tribunal spécial allié du Kaiser et des principaux auteurs des crimes allemands (1). Les Alliés agiront-ils

(1) Dans son art. 246 le Traité de Versailles prévoit « la restitution à Sa Majesté le Roi du Hédjaz, le Coran original ayant appartenu au Khalife Osman et enlevé de Médine par les autorités turques pour être offert à l'ex-empereur Guillaume II. » Quel traité nous rendra tous les vieux manuscrits de nos antiques monastères saccagés et brûlés, ceux d'Armach entre autre ?

de même avec les criminels turcs qui sont mille fois plus coupables ? La déclaration du 23 mai 1915 sera-t-elle exécutée ou restera-t-elle lettre morte comme tant de belles déclarations diplomatiques ?

La politique alliée à l'égard de la Turquie depuis l'armistice, ne nous permet pas d'être d'un grand optimisme. Dans ce Constantinople et dans d'autres localités occupés par les troupes alliées, des massacreurs authentiques, connus se promènent librement sans qu'ils soient inquiétés le moins du monde. Les femmes et les filles arméniennes islamisées, par dizaines de mille (environ 60.000) restent encore enfermées dans les *harems*, sous la coupe des bourreaux de leurs maris, pères ou frères. Il se livre des batailles en règle pour arracher les enfants arméniens à leurs ravisseurs musulmans. Le sang arménien coule de nouveau. Et la famine, le froid et les épidémies ravagent encore les rangs clairsemés de notre malheureux peuple sans défenseur.

Qu'on nous permette de dire que les Arméniens, au lendemain de la victoire à *laquelle ils ont contribué au-delà de leurs forces*, s'attendaient à une protection plus efficace de la part des vainqueurs, leurs alliés *de facto*.

Tout le mal vient de ce que l'armistice conclu avec la Turquie ne prévoyait pas l'occupation des vilayets arméniens par les troupes alliées. Cette faute initiale fut aggravée dans la suite par les anciennes rivalités entre les Puissances, révéillées en Orient, ce qui a fait déclarer à M. Paul Painlevé : « Il est temps que les Puissances protectrices commencent par protéger les Arméniens, au lieu de poursuivre en Orient une politique de chemins de fer et de mines. » (*Discours* en faveur de l'Arménie, prononcé le 2 sept. 1919 à la Salle des Sociétés Savantes.)

iv.- Conclusions

Ce serait une honte et un
malheur si les diplomates qui re-
manieront la carte du monde,
après la sanglante tourmente,
oubliaient que le petit et cher
pays (Arménie) a mille fois mérité et acheté son indépendance.

Mgr Touchet,
Evêque d'Orléans.

Lentement, mais toujours, l'humanité réalise les rêves des sages.
Anatole France.

Au cours de notre présent réquisitoire, nous
nous sommes bornés à réfuter les mensonges
turcs en ce qui concerne les revendications et les
responsabilités dans les massacres arméniens.
Nous sommes restés en deçà de la vérité. Les faits

n'ont pas retenu notre attention, parce qu'ils ne sont plus contestés. Ce sont leurs mobiles et leurs causes que nous avons examinés. Nous espérons avoir établi, preuves à l'appui, nos justes revendications et les lourdes responsabilités turques.

Aucune circonstance atténuante ne peut être accordée à la Turquie rouge, car elle est un vieux récidiviste du massacre. Que ceux qui sur les bords de la Seine et de la Tamise sont portés à l'indulgence par un réveil de turcophilie veuillent au moins se souvenir — si les épouvantables tueries des éléments non-turcs les laissent indifférents — que durant deux siècles l'Angleterre et la France protégèrent la Turquie, mais celle-ci leur tira dans le dos au moment critique où leur sort se jouait sur les champs de bataille. Récemment encore, le 18 décembre 1919, M. Lloyd George déclarait aux Communes : « Si ces portes (les Dardanelles) avaient été ouvertes, et si nos navires de guerre et de commerce avaient pu les franchir librement, la guerre eut été raccourcie de deux ou trois ans ». Si la voix de nos martyrs est trop faible pour se faire entendre dans certains milieux, il n'en doit pas être de même des morts de Gallipoli, des marins des cuirassés alliés coulés à l'entrée des détroits, et des prisonniers français et anglais torturés par les Turcs. « Quelles catastrophes se seraient produites, s'écriait le *Temps* (1), si les projets turco-allemands s'étaient réalisés. Si la « guerre sainte » avait été prise au sérieux par les musulmans de l'Afrique française ou de l'Inde britannique ? ». Aujourd'hui il y a tendance à oublier ces vérités. Félix Le Dantec avait raison d'écrire : « L'humanité sortira de cette guerre de quelques années absolument identique à ce qu'elle était en commençant, on reprendra les vieilles traditions, les vieilles croyances à des *choses que l'on sait fausses*, et au nom desquelles on fait plus de mal que de bien. » (*Savoir !* 1916, p. 7).

***

Le vieux dogme de l'intégrité territoriale de l'Empire ottoman n'a pas résisté au choc de la réalité et a fait faillite. Les Turcs eux-mêmes en ont sapé le fondement international déclarant nuls, le 1ᵉʳ novembre 1916, les Traités de Berlin et de Paris qui sauvèrent la Turquie en 1856 et en 1878. Il est bien loin ce temps où le *torysme* anglais considérait le maintien d'une « grande Turquie » indispensable pour sa politique mon-

(1) Au lendemain de la capitulation turque, le 2 novembre 1918, revenant sur la question d'Orient, *Le Temps* écrivait encore : « le soulèvement des Arabes, le massacre des Arméniens, la persécution des Grecs sont des événements qu'aucune puissance au monde ne peut plus effacer. Pour faire une paix qui ait chance de durer, il faut donner une autre organisation à l'Orient. » Mais depuis...

diale. Les chefs conservateurs anglais comme les
libéraux, M. Balfour comme M. Asquith, ont proclamé la déchéance de l'Empire sanglant, ce
« cancer de l'Humanité », suivant le mot du
Premier anglais.

Cette politique du maintien de l'intégrité turque n'a plus de sens ; car, elle était surtout dictée
par le danger du tzarisme envahiseur, balayé
par la Révolution Russe victorieuse. Pour que
cette politique chère à William Pitt et à David
Urquhart pût réussir, il aurait fallu nécessai-
rement que la Turquie introduisît les réformes proposées et s'adaptât aux exigences d'un
Etat moderne. Or, la Turquie répondit par le
massacre des chrétiens à chaque tentative de réformes et ne fit aucun progrès au point de vue
social et politique.

Malheureusement, aujourd'hui encore il se
trouve des publicistes qui considèrent le maintien de l'*Empire ottoman* (sauf la Mésopotamie
et la Syrie, bien entendu), comme nécessaire à
l'équilibre du Proche-Orient. Pourtant, cette
guerre fut la condamnation de la politique d'équilibre comme base ou principe du droit international. Loin de servir la cause de la paix mondiale, elle est une source d'intrigues égoïstes où
chaque Etat cherche à assurer sa propre prépondérance. La conséquence c'est l'instabilité dans
les relations internationales. Elle est toujours

pratiquée au détriment des faibles, des peuples
opprimés ; exemple : l'œuvre du Congrès de
Vienne qui consacra la politique d'équilibre en sacrifiant la Pologne, la Belgique, l'Italie, les pays balkaniques... Aussi, les revendications nationales furent étouffées longtemps pour
ne pas déranger le repos des forts.

Jusqu'au milieu de 1915, l'existence de l'Autriche-Hongrie, cet « homme malade » de l'Europe, était considérée indispensable à l'équilibre
et partant à la paix européenne; le Traité de
Saint-Germain a donné un démenti éclatant à ce
dogme. Aujourd'hui, par la destruction de l'ancienne Double-Monarchie, la Tchéco-Slovaquie,
naguère opprimée, est rendue à la vie et les territoires italiens, serbes, roumains, polonais, ont
fait retour à leur mère patrie. Et le fameux équilibre n'en est pas moins solide qu'avant.

Le même principe dirigeant, le principe des
nationalités, qui a triomphé à Saint-Germain,
doit guider les rédacteurs du Traité avec la Turquie. *Il faut bien se faire à l'idée, en dehors de
toutes considérations théoriques et humanitaires,
qu'un Etat comme l'Empire des Osmanlis qui ne
possède pas l'équilibre dans son sein, où les peuples opprimés revendiquent leur droit à l'indépendance et ont fait d'immenses sacrifices pour
l'obtenir, — ne peut pas être un élément d'équilibre en dehors de ses frontières. Il faut détruire*

l'Empire ottoman : DELENDUM EST IMPERIUM OTTOMANORUM !

La juste solution de la question d'Orient, et par conséquent la Paix en Orient, est à ce prix. Qu'il y ait une Turquie, nul ne le conteste ; mais il faut absolument qu'il y ait une Arménie indépendante, formée des territoires de l'Arménie russe et de l'Arménie turque.

*⋆
⋆ ⋆*

Ce n'est donc pas une politique des partages que nous voulons substituer à la politique de l'équilibre, — qui se traduisait en Turquie par une sorte de protectorat juridique, — mais l'application du principe des nationalités, dont le mérite de la proclamation pour la première fois, revient à la Révolution Française (1).

Les traités secrets de 1915 et 1916 vont à l'encontre des droits des peuples opprimés de la Turquie. Ils sont en contradiction flagrante avec les déclarations officielles de l'Entente dont le Conseil Supérieur de guerre, à l'issue de la Confé-

---

(1) La Constitution de 1791, dans son titre VI, dit : « La Nation française renonce à entreprendre aucune guerre dans la vue de faire des conquêtes et n'emploiera jamais ses forces contre la liberté d'aucun peuple. »

Le même principe est proclamé dans la Constitution de la République Française de 1848 : « La République Française respecte les nationalités étrangères comme elle entend faire respecter la sienne. Elle n'entreprend aucune guerre dans des buts de conquête et n'emploiera jamais sa force contre la liberté d'aucun peuple. »

rence de Versailles, proclamait le 4 février 1918 :
« L'effort devra se poursuivre jusqu'à ce qu'il ait
amené chez les gouvernements et chez les peuples ennemis, un changement de dispositions
propres à donner l'espoir d'une paix conclue sur
des bases n'impliquant pas l'abandon, devant un
militarisme agressif et impénitent, de *tous les*
principes que les Alliés sont résolus à faire triom-
pher, principes de Liberté, de Justice et de Res-
pect pour le droit des Nations. »

Et nulle part, le respect du droit des Nations
ne doit être observé aussi impérieusement qu'en
Turquie. Il ne faut pas croire que son application soulève des difficultés énormes, presque in-
solubles, comme le prétendent d'aucuns. *Il*
s'agit simplement d'avoir la volonté de redres-
ser les cruelles injustices collectives du passé
dans le sens que l'Histoire indique : l'émancipation des nationalités opprimées de la Turquie.
Cette émancipation est depuis longtemps réali-
sée pour les peuples qui vivaient dans ce que fut
jadis la Turquie d'Europe. Elle doit se faire pour
les peuples opprimés de la Turquie d'Asie. Il n'y
a pas un siècle que l'Empire ottoman comptait
plus de 4 millions de kilomètres carrés et environ 40 millions d'habitants ; au début de la
guerre il ne comptait plus que 2.826.500 kilomètres carrés et environ 20 millions d'habitants.
C'est encore deux millions de kilomètres carrés

et 16 millions d'habitants en plus. Les vrais Turcs qui comptent actuellement à peine 4 millions d'âmes, doivent se contenter de leur berceau d'Anatolie. Celle-ci couvre une superficie de plus de 687.900 kilomètres carrés, tandis que l'Arménie intégrale telle qu'elle est revendiquée par la nation Arménienne toute entière comprendrait 2.500.000 Arméniens et aurait une superficie d'environ 350.000 kilomètres carrés.

⁎⁎⁎

« L'homme malade » s'est suicidé au lieu de mourir de sa mort naturelle. S'il laisse des « enfants vigoureux », comme certains le prétendent, ceux-ci ne doivent hériter de son héritage que ce qui lui appartenait en propre. Les héritiers des territoires arméniens de l'Empire ottoman ne peuvent être que des Arméniens. Si faibles, si décimés qu'ils soient, les titres qu'ils ont à revendiquer les terres de leurs ancêtres, demeurent entiers. De même qu'en droit privé la succession d'un immeuble ne passe pas aux locataires ou aux fermiers ou à l'Etat sous prétexte que de nombreux héritiers du *de cujus*, l'un ou quelques-uns seulement survivent, de même le droit des gens ne peut admettre que le fondement juridique des revendications arméniennes soit considéré nul, par suite de la suppression d'un grand nombre d'Arméniens —

des ayants droit — en violation abominable de
ce même droit des gens. Le droit de l'Alsace
et de la Lorraine de se réunir à la grande et no-
ble famille française serait-il annihilé si l'Allemagne usurpatrice avait massacré les trois quarts
de la population alsacienne-lorraine et supplanté
les victimes par des Prussiens ? Il n'y a pas besoin d'être un Français pour répondre à cette
question par un « non ! » catégorique et indigné.

Les diplomates commettraient un crime plus
impardonnable que le crime turc, s'ils mainte-
naient le moindre vestige de l'autorité turque
sur les populations opprimées ; ils auraient alors
à assumer devant l'histoire une responsabilité
tellement énorme qu'elle ferait réfléchir les plus
décidés d'entre eux.

⁎⁎⁎

Nous avons foi dans l'avenir de notre race,
parce que nous sommes convaincus de la justice et de la sainteté de notre cause. A travers
les souffrances les plus dures qu'un peuple ait
jamais eues à subir, cette foi, qui fut notre force
nationale, ne nous a point abandonnés. Aux
heures les plus douloureuses des *Années Terribles*, nos martyrs et nos volontaires ont rendu
leur dernier souffle avec l'espoir que leur sacrifice engendrerait les *Temps Meilleurs* pour les
survivants. La race a fait, une fois encore, la
preuve de son endurance et de son énergie en

résistant à la grande tempête qui menaçait de la déraciner et de la supprimer du nombre des peuples vivants. Cela constitue, il nous semble, la meilleure preuve de sa vitalité qui lui donne le droit de vivre désormais libre et indépendante.

Aujourd'hui l'affreux cauchemar est enfin dissipé. Plus que jamais la nation arménienne a confiance dans les destinées de sa patrie ensanglantée ; elle veut croire en la sagesse des diplomates alliés qui dicteront la paix à la Turquie. Paris c'est la ville où est venu s'éteindre le dernier roi de l'Arménie cilicienne ; elle sera aussi celle où demain l'indépendance de l'Arménie sera proclamée. Ce jour-là l'Histoire enregistrera la réparation de l'une des iniquités les plus révoltantes des temps passés et modernes.

Nous nous adressons particulièrement à la France chevaleresque pour la réalisation de notre idéal national. « Il faut que nous protégions l'Empire ottoman parce que nous avons vaincu à Sedan », disait le pangermaniste Friedrich Naumann; la France doit dire à son tour : « Il faut que je libère l'Arménie parce que j'ai vaincu sur la Marne, sur l'Yser et devant Verdun ».

Décembre 1919.

Annexe

Réponse du Président de la Conférence de la Paix au memorandum présenté par la Délégation Ottomanne.

Paris, 25 *juin* 1919.

Monsieur le président,

Le Conseil des principales puissances alliées et associées a lu avec la plus soigneuse attention le memorandum qui lui a été remis par Votre Excellence le 17 juin. Fidèle à la promesse alors donnée, le Conseil désire présenter sur ce document les observations suivantes :

Dans son exposé des intrigues politiques qui ont accompagné l'entrée de la Turquie dans la guerre, et des tragédies qui l'ont suivie, Votre Excellence ne cherche en aucune façon à excuser ni atténuer ces crimes dont le gouvernement turc s'est alors rendu coupable ; cet exposé admet formellement ou implicitement que la Turquie n'avait aucun sujet de conflit avec les puissances de l'Entente ; qu'elle a agi en instrument docile de l'Allemagne ; que la guerre, dont le début fut sans excuse et la conduite sans pitié, fut accompagnée de massacres dont l'atrocité calculée égale ou dépasse tout ce qu'a jamais enregistré l'histoire. Mais il prétend que ces crimes ont été commis par un gouvernement dont les méfaits ne sauraient être imputés au peuple turc ; que ces crimes, dont les mahométans n'ont pas souffert moins que les chrétiens, ne comportaient aucun élément de fanatisme religieux, qu'ils n'étaient en rien conformes à la tradition ottomane telle qu'elle ressort de la façon dont, à travers l'histoire, la Turquie a traité les races sujettes ; que le maintien de l'empire ottoman est nécessaire à l'équilibre religieux du monde ; que la politique, non moins que la justice, recommande donc de rétablir intégralement ces territoires dans leur état d'avant-guerre.

Le Conseil ne peut accepter ni cette conclusion, ni les arguments sur lesquels elle se fonde Il ne met pas en doute un seul instant que le gouvernement actuel de la Turquie ne réprouve profondément la politique suivie par ses prédécesseurs ; même si le gouvernement turc n'y était pas engagé par des considérations de moralité (et il l'est évidemment), il y serait décidé par des considérations d'opportunité. Pris individuellement, ses membres ont toutes les raisons et tous les droits de répudier les actes dont le résutat s'est montré si désastreux pour leur pays. Mais, d'une façon générale, une nation doit être jugée d'après le gouvernement qui dirige sa politique étrangère et dispose de ses armées. La Turquie ne peut pas non plus prétendre être dispensée des justes conséquences de cette doctrine simplement parce que ses affaires, au moment le plus critique de son histoire, sont tombées aux mains d'hommes qui, entièrement dénués de principes et de pitié, ne pouvaient même pas commander au succès.

Toutefois, en prétendant à une restitution ter-

ritoriale complète, le memorandum ne semble
pas se fonder uniquement sur l'argument que
l'on ne doit pas obliger la Turquie à expier les
fautes de ses ministres. Cette prétention a des
raisons plus profondes ; elle fait appel à l'histoire de la domination turque dans le passé et
à l'état actuel du monde musulman.

Le Conseil est désireux de ne pas entamer de
controverses inutiles, ni de causer une peine su-
perflue à Votre Excellence et aux délégués qui
l'accompagnent. Il est bien disposé envers le
peuple turc, dont il admire les excellentes qualités. Mais il ne peut compter, au nombre de ses
qualités, l'aptitude à gouverner des races étrangères. L'expérience a été trop souvent et trop
longtemps répétée pour qu'on ait le moindre
doute quant au résultat. L'histoire nous rapporte
de nombreux succès turcs et aussi de nombreux
revers turcs : nations conquises et nations affranchies. Le memorandum lui-même fait allusion
à des diminutions apportées à des territoires qui
étaient récemment encore sous la souveraineté
ottomane.

Cependant, dans tous ces changements, on ne
trouve pas un seul cas, en Europe, en Asie, ni en
Afrique, où l'établissement de la domination
turque sur un pays n'ait été suivie d'une diminution de sa prospérité matérielle et d'un abais-
sement de son niveau de culture ; et il n'existe
pas non plus de cas où le retrait de la domination turque n'ait pas été suivi d'un accroissement de prospérité matérielle et d'une élévation
du niveau de culture. Que ce soit parmi les chrétiens d'Europe ou parmi les mahométans de
Syrie, d'Arabie et d'Afrique, le Turc n'a fait
qu'apporter la destruction partout où il a vaincu :
jamais il ne s'est montré capable de développer

*dans la paix ce qu'il avait gagné par la guerre.
Ce n'est pas dans ce sens que ses talents s'exer-
cent.*

*La conclusion évidente de ces faits semblerait
être la suivante : la Turquie ayant, sans la
moindre excuse et sans provocation, attaqué de
propos délibéré les puissances de l'Entente et
ayant été battue, elle a fait retomber sur ses
vainqueurs la lourde tâche de régler la destinée
des populations variées qui composent son empire hétérogène. Ce devoir, le Conseil des principales puissances alliées et associées désire l'ac-
complir autant du moins qu'il concorde avec les
vœux et les intérêts permanents des populations
elles-mêmes. Mais le Conseil constate à regret
que le memorandum fait valoir à cet égard des
considérations d'un ordre tout différent et fon-
dées sur de prétendues rivalités religieuses. A
entendre ces raisons, l'empire ottoman devrait
être maintenu intact, non pas tant au profit des
musulmans qu des chrétiens vivant à l'intérieur
de ses frontières, que pour obéir au sentiment
religieux de gens qui n'ont jamais senti le joug
turc, ou qui ont oublié de quel poids il pèse sur
ceux qui sont contraints de le subir.*

*Mais, à coup sûr, jamais l'opinion ne fut
moins justifiée en fait. Toute l'histoire de la
guerre démontre qu'elle ne repose sur rien.
Quelle peut être la portée religieuse d'une lutte
dans laquelle l'Allemagne protestante, l'Autriche
catholique, la Bulgarie orthodoxe et la Turquie
musulmane se sont liguées pour piller leurs
voisins ? Dans toute cette affaire, le massacre
d'Arméniens chrétiens par ordre du gouvernement turc fut la seule occasion où l'on pût appré-
cier la saveur d'un fanatisme réfléchi. Mais
Votre Excellence a fait remarquer que, sur*

l'ordre de ces mêmes autorités, des musulmans inoffensifs ont été massacrés en nombre assez grand et dans des circonstances suffisamment horribles pour atténuer, sinon même écarter complètement, tout soupçon de partialité religieuse.

Donc, pendant la guerre, les gouvernements n'ont donné que peu de preuves de sectarisme, et, quant aux puisances de l'Entente, elles n'en ont donné aucune. Mais rien ne s'est produit depuis qui soit de nature à modifier ce jugement. La conscience d'un chacun a été respectée ; les lieux consacrés ont été soigneusement préservés ; les Etats, les peuples qui, avant la guerre, étaient musulmans, le sont encore. Rien de ce qui touche à la religion n'a été changé, excepté les conditions de sécurité dans lesquelles on peut la pratiquer, et ce changement, partout où les Alliés excercent leur contrôle, a été certainement dans le sens du mieux.

Si l'on répond que la diminution des territoires d'un Etat musulman historique doit porter atteinte à la cause musulmane dans tous les pays, nous nous permettons de faire remarquer, qu'à notre avis, c'est une erreur. Pour tous les musulmans qui pensent, l'histoire moderne du gouvernement qui occupe le trône à Constantinople ne saurait être une source de joie ou de fierté. Pour des raisons que nous avons déjà données, le Turc s'est essayé à une entreprise pour laquelle il avait peu d'aptitudes, et dans laquelle il a, par suite, obtenu peu de succès. Qu'on le mette à l'œuvre dans des circonstances plus favorables ; qu'on laisse son énergie se déployer, principalement dans un cadre plus conforme à son génie et dans de nouvelles conditions moins compliquées et moins difficiles, après avoir rompu , et peut-être oublié, une tradition mauvaise de corruption et d'intrigues, pourquoi ne pourrait-il ajouter à l'éclat de son pays, et indirectement de sa religion, en témoignant de qualités autres que le courage et la discipline dont il a toujours donné des preuves si manifestes ?

A moins d'erreur de notre part, Votre Excellence comprendra nos espoirs. Dans un passage frappant de son memorandum, Elle déclare que la mission de son pays est de se consacrer à une « intense culture économique et intellectuelle ». Nul changement ne saurait être plus sensationnel et plus saisissant, aucun ne saurait être plus profitable. Si Votre Excellence peut prendre l'initiative de cette importante évolution chez les hommes de race turque, Elle méritera et recevra certainement toute l'aide qu'il est en notre pouvoir de lui donner.

Signé : G. CLÉMENCEAU.

ERRATUM

A la page 12, en comptant de bas en haut les deux lignes 4 et 5 sont rétablies ainsi :

Par conséquent, ils ont soutenu la thèse arménienne. Nous n'attendions pas moins de nos amis.

Page 15, au lieu de : 1.6000.000,
lire : *1.600.000*

Page 32, au lieu de : « enx-mêmes »
lire : *eux-mêmes,*

Page 86, au lieu de : la martyrologie arménienne,
lire : *le martyr arménien*